정책연구
2024-08

고령자 임금차별

박제성 · 양승엽 · 이은주

한국노동연구원

목 차

요 약

현재 한국은 저출산 고령화로 인구구조 변화를 겪고 있다. 이 "위기"에 대응하기 위한 방안 중의 하나로서 고령자의 고용을 유지하거나 촉진하기 위한 정책들이 제안되고 있다. 이른바 임금피크제, 정년 연장, 정년 후 계속고용 혹은 재고용 등이 그러한 목적에서 시행되거나 제시되고 있는 정책들이다. 그런데 이러한 정책과 조치를 도입, 시행하는 과정에서, 임금을 줄이는 등 이른바 기업의 고용비용을 줄이기 위한 조치들이 동반되는 경우가 많은데, 관련된 규범적 문제가 충분히 해결되지 못하고, 오히려 법률적 분쟁을 야기하는 사례가 발생하고 있다. 본 연구는 이러한 법률적 쟁점들을 검토하는 것을 목적으로 한다.

제2장은 고령자 임금차별을 판단하기 위한 규범적 토대로서의 동일가치노동 동일임금 원칙의 규범적 의의에 대해서, 특히 국제법상의 근거를 중심으로 검토한다. 고령자의 고용을 유지하거나 촉진하기 위한 조치들 가운데, 이른바 임금피크제 및 정년 후 계속고용/재고용과 결합된 임금조정은, 고령자고용법 제4조의5가 "이 법이나 다른 법률에 따라 특정 연령집단의 고용유지 · 촉진을 위한 지원조치를 하는 경우"를 연령차별로 보지 아니한다고 정하고 있기 때문에, 설령 고령자고용법 위반은 아닐지 몰라도, 유엔 사회권규약 및 세계인권선언에서 정하고 있는 동일가치노동 동일임금 원칙에는 반할 수 있다. 이 두 개의 국제법은 우리 헌법 제6조에서 규정하고 있는 바의 "헌법에 의하여 체결 · 공포된 조약"(사회권규약의 경우) 또는 "일반적으로 승인된 국제법규"(세계인권선언의 경우)로서 "국내법과 같은 효력을 가진다." 나아가 사회권규약과 세계인권선언의 동일가치노동 동일임금 원칙은 고령자의 고용관계를 포함하여 모든 근로관계에 적용되는 일반원칙이다. 이 두 개의 국제법규범은 고령자고용법에 유사한 차별예외를 두고 있지 않다. 이로써 국

내법적 효력을 갖는 국제법과 국내의 법률이 서로 충돌하는 상황이 발생할 수 있다. 이 경우에는 국제법 합치적 해석이 필요하다고 할 것이다. 즉, 사회권규약이나 세계인권선언이나 실정 노동관계법이나 모두 헌법상 기본권을 근로관계에서 실질적으로 실현하기 위한 것이라고 한다면, 그 헌법적 가치와 이상의 실현에 복무하는 한에서는 각각을 조화롭게 공존하는 방향으로 해석하는 것이 바람직할 것이라는 전제 위에서, 개별 소송에서 사회권규약과 세계인권선언 및 실정 법률이 서로 상충하는 것처럼 보이는 경우에, 법원이 규약과 선언에 부합하는 방향으로 법률을 해석하거나, 규약 또는 선언을 우선시하는 방향으로 문제를 해결하는 태도를 정립해야 한다는 것이다. 지금까지의 관련 논의는 판례와 학설 공히 국제법 규범의 국내법적 효력을 도외시한 채, 국내의 법령 차원에서만 진행된 한계가 있다. 앞으로 관련 논의는 동일가치노동 동일임금 원칙의 국제법적 근거를 함께 고려하면서 진행될 필요가 있다고 하겠다.

제3장에서는 우선, 임금피크제의 전제가 되는 정년제의 유효성을 살펴본다. 나이를 이유로 근로관계를 강제로 종료시키는 것은 헌법상의 평등권과 근로권 그리고 직업선택의 자유를 침해한다는 비판을 면하기 어려운 측면이 있다는 점, 노령으로 인한 신체적 · 정신적 쇠퇴를 일정 연령을 기준으로 일괄적으로 판단하는 것이 타당한지 의문이 있다는 점, 고령화로 인해 노인빈곤의 문제가 심화되고 있다는 점, 오랜 시간 단련된 숙련 근로자를 사장시킨다는 점에서 정년제는 장기적으로 폐지되는 것이 타당하다고 본다. 다음으로 임금피크제와 연령차별의 문제를 검토하는데, 대법원은 정년유지형 임금피크제가 사안에 따라서는 연령차별로 무효가 될 수 있다고 하였다. 대법원은 정년유지형 임금피크제가 연령차별이 되지 않기 위해서는 ① 임금피크제 도입 목적의 타당성, ② 대상 근로자들이 입는 불이익의 정도, ③ 임금 삭감에 대한 대상조치의 여부 및 적정성, ④ 임금피크제로 감액된 재원이 제도 본래의 목적에 사용되었는지를 종합적으로 고려하여 판단할 것을 주문하였다. 특히 대상조치를 강조함으로써 근로자들의 근로조건 또는 생활상의 이익이 급

격하게 악화되는 것을 막았다고 평가된다. 그러나 이러한 대상조치의 강조를 몇몇 하급심 판결은 정년연장형 임금피크제 사안에서 오독하고 있다. 즉, 정년연장 그 자체가 사용자의 대상조치로 근로자의 임금 삭감이라는 손해를 메워주기 때문에 연령차별이 아니라는 판시를 내놓는 것이다. 그러나 대상조치라는 것은 근로자의 손해에 대해 사용자가 그것에 갈음해서 이익을 부여하는 것인데, 고령자고용법에 의해 제도적으로 강제된 정년연장을 사용자가 대상조치로 근로자에게 부여한 것으로 볼 수는 없다. 다만, 노사 간 합의로 정년연장이 이루어진 경우에는 대상조치인 것을 인정할 수 있다. 임금 총액이 늘어난 것 또한 대상조치로 볼 수 있다고 하급심은 판시하는데, 임금 총액의 증가는 정년연장의 효과로서, 정년연장 자체가 대상조치인지를 살펴보는 것과 별개로, 근로계약에 따라 근로자가 근로를 제공한 것의 반대급부로서 원래 근로자의 것이지, 사용자가 대상조치로 손해를 메워주기 위해 제공한 것으로 볼 수는 없다. 대법원은 임금피크제로 임금이 삭감될 경우 그만큼 업무의 내용도 변경되어야 한다고 판시하였다. 그러나 그 이전의 하급심 판결이기는 하지만 별도의 직군에 전보할 경우 업무량이 증가하거나 근로자들의 심리적 위축 등이 있어 근로자 당사자가 원하고 노사가 합의하여 기존의 직군을 유지한 것에 대해 정당하다고 한 예가 있다. 그러나 이는 별다른 대상조치 없이는 임금 삭감에 따른 연령차별이 분명하므로 고령자고용법의 연령차별 금지 규정을 강행규정으로 인정하는 이상 무효가 될 수밖에 없다. 다만, 초점을 맞출 점은 업무의 '양'과 '강도'이므로 직책이 아니라 직위(직급)를 유지하면서 업무의 내용을 변경하는 것은 허용될 수 있다. 임금피크제로 인한 임금 삭감이 동일가치노동 동일임금 원칙에 위반되는지 또한 문제될 수 있다. 하급심은 동일가치노동 동일임금의 판단 기준을 '같은 시기'에 '다른 사람'을 선정하여 임금 삭감 대상 근로자는 같은 시기에 비교대상이 자기 사신이기 때문에 그 원칙을 적용할 수 없다고 한다. 그러나 동일가치노동 동일임금 원칙이 반드시 차별의 성격을 포함하여 타인과 비교되는 것은 아니다. '다른 시기'에 '같은 사람'을 기준으로도 심사할 수 있다고 생각한다. 동일가치노동 동일임금 원칙이 '다른 사람'을 기준으로 하는 것은 남녀고용평등법 제8조(임금) 제1항이 규정하고 있는 실정법상의 원칙이기 때문이다. 그러나 이미 우리 대법원은 동일가치노동 동일임금 원칙을 헌법상 평등권에 기반하여 균등대우를 심사하는 일반 법원칙으로 인식하였으며, '사회권규약'이 국제법으로서 헌법 제6조 제1항에 따라 국내법으로 인정되는 것을 생각하면, 동일가치노동 동일임금 원칙을 일반 법리로 생각하여도 된다. 그렇다면 위 대법원의 판시 내용이나 사회권규약을 보건대 반드시 동일가치노동 동일임금의 판단 기준이 '같은 시기 다른 사람'이라는 해석은 나오지 않는다. 그렇다면 합리적인 이유 없이 '다른 시기 같은 사람'에게 임금이 삭감된다면 충분히 동일가치노동 동일임금 원칙에 위배되지 않는지 심사할 수 있다.

제4장에서는 정년 후 재고용 시 근로조건 차별 문제를 다루었다. 실무상 '촉탁직'으로 불리는 정년 후 재고용 시에 새롭게 체결하는 근로계약에서 이전과 동일한 업무를 수행함에도 임금 감액 등 근로조건 저하가 이뤄지는 것이 연령차별에 해당하지는 않는지, 기간제법상 '차별적 처우'로 볼 수 있는지 관련 법적 판단을 보며 검토하였다. 우리 법원은 재고용 근로계약 시 종전보다 감액되는 임금 지급이 불리한 처우임을 인정하면서도, 재고용 근로계약이 당사자 간 협의 또는 노사협의를 바탕으로 체결된다는 점, 재고용 근로계약을 통해 고령 근로자에 대한 재취업의 기회 및 고용이 창출된다는 점 등, 특히 고령자고용법 제21조 제2항을 근거로, 불리한 처우에 합리적 이유가 있음을 인정하고 있다.

그러나 고령자고용법 제21조 제2항은 임금의 결정을 종전과 달리 정할 수 있음을 규정하고 있는 것이지, 고령 근로자에 대한 차별을 정당화하는 규정이 아니라는 점은 명확히 해야 한다. 다시 말해, 정년퇴직한 고령 근로자에 대한 재고용에 대한 기회의 부여가 연령차별을 정당화하는 근거가 될 수는 없다. 우리 현행법상 헌법상 평등원칙, 근로기준법상 균등대우원칙과 사회권규약 제7조에서 정하고 있는 바에 근거하여 기간제 계약을 체결하는 정년 후 재고용된 근로자와 정년 전 근로자 본인, 그리고 기간의 정함이 없는 근로자 간에도 동일가치노동 동일임금 원칙이 적용되어야 한다.

이러한 관점에서 고령자고용법 제21조 제2항을 해석한다면, 임금의 수준이 종전과 달라지는 경우, 그에 수반되는 근로시간 또는 업무 내용, 책임 범위 조정 등을 통해 고령 근로자의 임금 감액에 대한 타당한 근거가 함께 주어져야 한다. 다시 말해, 고령 근로자에게 이전보다 적은 수준의 임금을 지급한다면, 근로시간을 이전보다 줄이거나, 업무의 내용 또는 강도를 이전에 비하여 낮은 수준으로 부여해야 하는 것이다. 다행인 것은 지난해 서울행정법원 두 판결(서울행정법원 2023.9.22. 선고 2022구합87931 판결; 서울행정법원 2023.3.30. 선고 2021구합4755 판결)을 보더라도, 불리한 처우에 재고용을 이유로 합리적 이유를 인정하던 판단 기준이 예전에 비하여 엄격해졌다는 것이다. 그럼에도 현실에서는 여전히 정년 후 재고용된 근로자들에 대한 처우의 하락은 당연시되고 있는바, 지난해 실시한 설문조사에 따르면, 정년 후 재고용된 근로자들의 평균임금은 21.4%가 감소하였지만 퇴직 이전과 동일한 업무를 수행하고 있고, 근로시간은 3.4%, 업무 책임은 9.0%만 감소하였다.

단지 정년퇴직 후 재고용된 이유만으로 임금의 감액이 이뤄진다면, 벌써 문제 제기되고 있는 고령자들의 저임금 불안한 일자리 문제를 더욱 확산시킬 수밖에 없고, 이는 고령자고용법의 입법취지와 맞는 방향도 아닐 것이다. 고령 근로자의 고용 촉진도 중요하지만 이와 함께 고령 근로자의 노동 가치를 보호해야 할 필요성도 중요하다는 점에서 근로조건 저하, 특히 임금 감액에 관한 합리적 이유를 더 이상 고령자고용법 제21조 제2항에서만 찾으면 안 된다. 더욱이 이러한 해석은 자칫 정년 후 재고용된 근로자의 임금 결정에 어떠한 제한도 없다는 위험한 해석이 이뤄질 수 있다. 기간제법 또는 동일가치노동 동일임금 원칙에 따라 정년 후 재고용된 근로자에 대한 근로조건 차이에 합리적인 이유가 있는지, 있다면 그에 따른 차이가 적정한 수준은 어디까지인지 구체적인 판단이 이뤄져야 한다.

이상에서 검토한 바와 같이, 고령자 고용과 관련하여 현재 시도되고 있는 방식의 임금피크제나 정년 후 재고용은 연령차별에 해당하거나 동일가치노동 동일임금 원칙에 위배된다고 평가될 소지가 다분하다. 법령으로 근거를 만들어 준다고 해서 문제가 깔끔하게 해결되지는 않는다. 헌법에 따라 국내법적 효력을 갖는 국제법에 위반될 소지가 있기 때문이다. 노사의 합의가 있다고 해서 문제가 완전히 해결되는 것도 아니다. 차별금지와 동일가치노동 동일임금 원칙은 사회적 공서(公序)에 해당하는 것으로서, 노사의 합의보다 우선하는 규범적 가치이기 때문이다. 노사의 교섭과 합의는 사회적 공서의 토대 위에서 이루어져야 한다. 이러한 규범적 평가에 대해서는, 고령자들이 정년 후에 아예 실업자로 남거나 2차 노동시장에서 저임금 일자리에 고용되는 것보다는 기존의 직장에서 임금을 좀 덜 받더라도 계속 고용되도록 하는 것이 더 낫지 않은가 하는 항변이 제기될 수 있을 것이다. 그러나 그러한 항변은 지나치게 실리적인 접근법으로서 규범적 타당성을 지닌다고 하기 어려우며, 고령근로자 전체를 포괄하는 보편적 규범의 토대를 구성할 수도 없을 것이다. 차별적 정책을 정당화하려고 노력하기보다는, 이른바 1차 노동시장과 2차 노동시장 간에 동일가치노동 동일임금 원칙을 관철시킴으로써(업종별 협약의 일반적 규범력을 강화시키는 것도 좋은 방안 중 하나일 것이다), 2차 노동시장의 임금과 근로조건을 개선하려고 노력하는 것이 고령자의 고용을 촉진하는 정책으로서 더 바람직할 것이다.

제 1 장
서 론

현재 한국은 저출산 고령화로 인구구조 변화를 겪고 있다. 이 “위기”에 대응하기 위한 방안 중의 하나로서 고령자의 고용을 유지하거나 촉진하기 위한 정책들이 제안되고 있다. 이른바 임금피크제, 정년 연장, 정년 후 계속고용 혹은 재고용 등이 그러한 목적에서 시행되거나 제시되고 있는 정책들이다. 그런데 이러한 정책과 조치를 도입, 시행하는 과정에서, 임금을 줄이는 등 이른바 기업의 고용비용을 줄이기 위한 조치들이 동반되는 경우가 많은데, 관련된 규범적 문제가 충분히 해결되지 못하고, 오히려 법률적 분쟁을 야기하는 사례가 발생하고 있다. 지금까지의 분쟁 사례를 분류하면 크게 다음의 세 가지 정도로 요약할 수 있다.

첫째, 이른바 임금피크제를 도입, 시행하는 과정에서 연령차별 문제가 지속적으로 제기되고 있다. 정년유지형 임금피크제는 연령차별에 해당한다는 대법원 판결이 있었고,[1] 정년연장형 임금피크제에 대해서도 연령차별이 아니라는 하급심 판결들[2]과 근로조건의 불이익 변경에 해당한다는 하급심 판결들[3]이 엇갈리고 있다.

둘째, 근로자의 정년 후 재고용 과정에서 차별의 문제가 제기되고 있다.

---

1) 대법원 2022. 5. 26. 2017다292343.
2) 서울고법 2023. 2. 19. 2022나2025019, 서울중앙지법 2023. 1. 19. 2020가합604507.
3) 서울고법 2021. 9. 8. 2015가합561002, 서울중앙지법 2023. 5. 11. 2020가합575036, 대구지법 2023. 4. 27. 2021가합205418.

즉, 정년 후 재고용되는 고령 근로자의 임금 및 근로조건을 종전과 다르게 정하는 것이 임금차별에 해당하는지 여부를 둘러싼 문제가 그것이다. 특히 재고용된 근로자가 정년 전에 하던 일을 사실상 그대로 하는 경우에 더 문제가 된다.

셋째, 연봉제, 성과급, 임금피크제 등 임금체계 변경 과정에서 절차적 정당성의 문제가 제기되고 있다. 특히, 단체협약, 취업규칙, 근로계약 간 유리의 원칙[4] 인정 여부를 둘러싸고 법률적 논쟁이 발생하고 있다. 이에 관해 대법원은, 취업규칙을 통해서 임금체계를 변경했더라도 근로자의 동의가 없는 한 취업규칙보다 유리한 근로계약의 내용이 우선하여 적용된다는 입장을 견지하고 있다.[5] 다만, 단체협약과 근로계약 간에도 유리의 원칙이 인정되는지 여부는 명확하지 않은 것 같다. 이 주제는 매우 논쟁적이다. 왜냐하면 유리의 원칙을 인정한다는 것은 한편으로는 근로자 개인의 자기 결정권을 인정한다는 의미가 있지만, 다른 한편으로는 근로조건의 집단적 결정 메커니즘을 약화시킨다는 측면도 있기 때문이다.

본 연구는 이러한 법률적 쟁점들을 검토하는 것을 목적으로 한다. 다만, 세 번째의 쟁점은 본 연구의 주제인 고령자 임금차별과 직접적으로 관련되기보다는, 사회적 공서의 원리 위에서 집단적 근로조건 대등결정의 원칙을 실현하기 위한 규범 체계 전반에 관한 문제로서 추후 관련 연구에서 좀 더 본격적으로 다루는 것이 적절하다고 생각되기 때문에, 본 연구의 검토 대상에서는 제외한다. 본론은 크게 세 장으로 구성된다.

제2장은 고령자 임금차별을 판단하기 위한 규범적 토대로서의 동일가치노동 동일임금 원칙의 규범적 의의에 대해서, 특히 국제법상의 근거를 중심으로 검토한다. 기존의 논의가 헌법과 실정 노동관계법의 해석론, 그리고 판례에 대한 분석 차원에서 이루어졌다면, 제2장에서는 동일가치노동 동일임금 원칙이 모든 근로관계에 적용되는 일반원칙이라는 입장을 견지하면서, 그 규범적 근거를 국내법과 판례를 넘어 국제법으로 확대하는 논의를 전개

---

4) 근로조건을 정하고 있는 규범들 간에 상충하는 내용이 있을 때, 어떤 규범을 우선적으로 적용해야 하는가에 대해서, 근로자에게 가장 유리한 근로조건을 정하고 있는 규범을 우선해서 적용해야 한다는 원칙을 말한다.

5) 대법원 2017. 12. 13. 2017다261387, 대법원 2019. 11. 14. 2018다200709, 대법원 2020. 4. 9. 2019다297083, 대법원 2022. 1. 13. 2020다232136.

하고자 한다. 이를 위하여 유엔 사회권규약과 세계인권선언의 내용과 그것의 국내법적 효력을 분석한다. 이 두 개의 국제법은 동일가치노동 동일임금 원칙을 일반원칙의 형식으로 규정하고 있는 만큼, 동 원칙이 우리 노동법의 규범체계에서 남녀 근로자 사이에서만 적용되는 특별원칙인지, 아니면 모든 근로관계에 적용되는 일반원칙인지 여부를 검토하는 연구의 목적에 잘 부합하기 때문이다.

제3장은 임금피크제와 연령차별의 문제를 검토한다. 우선, 임금피크제의 전제가 되는 정년제의 유효성을 살펴본다. 정년제가 만일 우리 헌법이 보장하고 있는 평등권 등을 침해하는 위헌적인 내용이어서 무효라면 임금피크제는 그 전제를 상실하므로 제도 자체가 유지될 수 없다. 따라서 본격적인 논의 전에 정년제의 유효성에 대한 검토를 할 필요가 있다. 임금피크제는 근로자에게 정년을 보장 또는 연장해 주는 대신 일정 연령 또는 근속 시점에 도달하면 임금을 삭감하는 제도이다. 근로자에게는 고용유지 또는 연장의 이익이 돌아가고, 사업주는 연공급 성격이 강한 고령의 장기근속 근로자의 임금 부담을 줄일 수 있다. 정책적 성격으로는 임금피크제를 통해 절약한 인건비를 청년 고용으로 돌릴 수 있다. 그러나 고용유지 또는 연장이 보장되더라도 '나이'를 이유로 임금을 삭감하는 것은 다분히 연령차별의 소지가 크다. 이를 정년유지형 임금피크제와 정년연장형 임금피크제로 구분하여 검토한다. 마지막으로 임금피크제와 동일가치노동 동일임금 원칙의 관계를 검토한다. 하급심은 동일가치노동 동일임금 원칙 위반 여부를 "같은 시기 다른 사람"을 기준으로 비교하여 판단한다. 그러므로 임금피크제 적용 근로자는 같은 시기에 비교대상이 자기 자신이기 때문에 동 원칙을 적용할 수 없다고 한다. 그러나 동일가치노동 동일임금 원칙은 "다른 시기 같은 사람"을 기준으로도 판단할 수 있다고 생각되기 때문에 이 점을 검토한다.

제4장에서는 정년 후 재고용된 고령 근로자의 임금과 근로조건을 둘러싼 법적 쟁점을 검토한다. 정년을 도과하더라도 경제생활을 지속하고자 계속 근로를 희망하는 고령 근로자 수가 점차 늘어나고 있고, 기업의 입장에서도 숙련자 구인이 쉽지 않다는 점에서 정년퇴직자를 재고용할 필요성이 제기된다. 그러다 보니 정년퇴직한 고령 근로자를 대상으로 기간의 정함이 있는 근로계약을 체결하는 '정년 후 재고용'이 꾸준히 증가하고 있으며, 관련 법

적 문제도 이전에 비해 늘어나고 있다. 실무상 '촉탁직'으로 불리는 정년 후 재고용은 정년의 도과와 함께 근로계약이 종료된 이후에 새로운 기간제 근로계약을 체결하는데, 일반적으로 정년 전과 업무 내용이 거의 비슷함에도 대부분 이전보다 임금이 감액되는 등 근로조건 저하가 이뤄진다. 그러나 동일가치노동 동일임금 원칙과 합리적인 이유 없는 불리한 처우 금지의 관점에서 사안을 바라보았을 때, 재고용 후 퇴직 전과 동일한 업무를 수행함에도 '고령'을 이유로 근로조건의 수준 저하가 이뤄지는 것이 연령차별에 해당하지는 않는지 문제가 될 수 있다. 법원은 정년 이후 고령 근로자에 대한 불리한 처우를 직무 수행 능력에 영향을 주는 개인적 특성이 고려되었다고 판단하거나 고령자고용법에 의한 예외 사유 중 하나로서 차별에 해당하지 않는다고 보는 것이 일반적이다. 이와 같은 법원의 판단이 타당한지 검토한다.

제 2 장
동일가치노동 동일임금 원칙의 규범적 의의 : 국제법상의 근거를 중심으로

제1절 서 론

동일가치노동 동일임금 원칙의 규범적 의의와 관련하여, 기존의 논의에서 우리는 다음의 질문을 검토한 바 있다.[6] 동일가치노동 동일임금 원칙은 남녀 근로자 사이에서만 적용되는 특별원칙인가, 아니면 모든 형태의 근로관계(동성의 근로자 사이, 정규직과 정규직 사이, 정규직과 비정규직 사이 등)에 적용될 수 있는 일반원칙인가? 이 질문에 대한 우리의 논의를 요약하면 다음과 같다.

동일가치노동 동일임금 원칙이 남녀고용평등법에 규정되어 있다고 해서, 이 원칙이 남녀 근로자 사이에서만 적용되는 특별원칙이라고 해석하는 것은, 지나치게 형식론에 얽매인 것으로서 헌법상 평등원칙을 근로관계에서 실질적으로 실현한다는 헌법적 지향과 부합하기 힘들다.

대법원 판결에 따르면, "근로기준법 제6조에서 정하고 있는 균등대우원칙이나 남녀고용평등법 제8조에서 정하고 있는 동일가치노동 동일임금 원

6) 박제성, 「차별금지의 규범적 구조와 동일가치노동 동일임금 원칙의 적용범위」, 남궁준 외, 『효과적인 고용상 차별시정을 위한 제도개선방안 연구』, 고용노동부 보고서, 2023.

칙 등은 어느 것이나 헌법 제11조 제1항의 평등원칙을 근로관계에서 실질적으로 실현하기 위한 것이다. 그러므로 [사용자는] 근로계약을 체결할 때에 사회적 신분이나 성별에 따른 임금 차별을 하여서는 아니 됨은 물론 그 밖에 근로계약상의 근로 내용과는 무관한 다른 사정을 이유로 근로자에 대하여 불합리한 차별 처우를 해서는 아니 된다."[7)]

이 판결은 성별에 따른 임금차별을 다룬 사건이 아니라, 이른바 대학교 전업강사와 비전업강사 사이의 임금차별을 다룬 사건이다. 즉, 고용형태를 이유로 하는 차별을 다룬 사건이다. 대법원은 동일가치노동 동일임금 원칙을 이 경우에도 적용할 수 있다고 해석하였다. 우리는 이 대법원 판결의 취지에 전적으로 동의한다는 입장을 다음과 같이 피력하였다.

"생각건대, 판례의 의미를 애써 축소할 필요는 없을 것 같다. 근로관계상의 불평등이 갈수록 심화되고 있는 현실에서, 대법원은 불평등에 맞설 수 있는 유력한 법리 하나를 제시하였다. 그 법리가 불평등과 차별을 교정하는데 어떻게 기여할 수 있는지 그 적극적 의의를 규명하고, 관련 법리를 논리적으로 좀 더 정교하게 발전시킴으로써 그것을 확고한 판례 법리로 정착시키고, 그렇게 해서 정책과 입법의 변화를 이끌어내고, 그렇게 해서 조금이라도 불평등과 차별을 줄이는 데 기여하는 것이 학설의 책무라고 생각된다. 요컨대 동일가치노동 동일임금 원칙의 규범적 의의를 생각함에 있어서는, 이를 남성근로자와 여성근로자 사이에 적용되는 원칙으로 한정할 것이 아니라, 기본적으로 모든 근로관계에 적용되는 일반적인 원칙으로 이해하는 것이 타당할 것 같다."[8)]

기존의 논의가 헌법과 실정 노동관계법의 해석론, 그리고 판례에 대한 분석 차원에서 이루어졌다면, 본 논문에서는 동일가치노동 동일임금 원칙이 모든 근로관계에 적용되는 일반원칙이라는 입장을 견지하면서, 그 규범적 근거를 국내법과 판례를 넘어 국제법으로 확대하는 논의를 전개하고자 한다.

동일가치노동 동일임금 원칙을 처음으로 규정한 국제법은 1919년 「국제노동기구 헌장」[9)]이다. 「헌장」 전문은 "동등한 가치의 근로에 대한 동일 보

7) 대법원 2019. 3. 14. 2015두46321.
8) 박제성, 앞의 글.

수 원칙의 인정(recognition of the principle of equal remuneration for work of equal value)"을 국제노동기구가 추구하는 사회정의의 한 내용으로 명시하고 있다.

두 번째의 국제법은 1948년 「세계인권선언」이다. 세계인권선언 제23조 제2항은 "모든 사람은 아무런 차별 없이 동일한 노동에 대하여 동등한 보수를 받을 권리를 가진다.(Everyone, without any discrimination, has the right to equal pay for equal work.)"라고 규정하고 있다.

세 번째는 「동일가치노동에 대한 남녀 근로자의 동일보수에 관한 국제노동기구 제100호 협약」(1951년)[10]이다. 이 협약 제2조 제1항은 "회원국은 보수액을 결정하기 위하여 사용되고 있는 방법에 적합한 수단으로 동일가치노동에 대한 남녀근로자의 동일보수 원칙을 모든 근로자에게 적용할 것을 촉진하며, 이 방법과 일치하는 한 그 적용을 보장한다.(Each Member shall, by means appropriate to the methods in operation for determining rates of remuneration, promote and, in so far as is consistent with such methods, ensure the application to all workers of the principle of equal remuneration for men and women workers for work of equal value.)"라고 규정하고 있다.

마지막으로 네 번째는 1966년 유엔 총회에서 결의된 「경제적 · 사회적 · 문화적 권리에 관한 국제규약」(사회권규약, A규약)[11]이다. 사회권규약 제7조는 "이 규약의 당사국은 특히 다음 사항이 확보되는 공정하고 유리한 근로조건을 모든 사람이 향유할 권리를 가지는 것을 인정한다.(The States Parties to the present Covenant recognize the right of everyone to the enjoyment of just and favourable conditions of work which ensure, in particular:)"라고 하면서, "(a) 모든 근로자에게 최소한 다음의 것을 제공하는 보수 — (i) 공정한 임금과 어떠한 종류의 차별도 없는 동등한 가치의 노동에 대한 동등한 보수, 특히 여성에게 대하여는 동등한 노동에 대한 동등한 보수와 함께 남성이 향유하는 것보다 열등하지 아니한 근로조건의 보장

9) 다자조약 제1066호, 1991. 12. 9.
10) 다자조약 제1465호, 1998. 12. 4.
11) 다자조약 제1006호, 1990. 6. 13.

((a) Remuneration which provides all workers, as a minimum, with: (i) Fair wages and equal remuneration for work of equal value without distinction of any kind, in particular women being guaranteed conditions of work not inferior to those enjoyed by men, with equal pay for equal work)"을 규정하고 있다.

이 중에서 본 연구의 검토 대상은 사회권규약과 세계인권선언에 한정할 것이다. 왜냐하면 본 연구의 목적은 동일가치노동 동일임금 원칙이 우리 노동법의 규범체계에서 남녀 근로자 사이에서만 적용되는 특별원칙인지, 아니면 모든 근로관계에 적용되는 일반원칙인지 여부를 판단하는 데 있는 만큼, 이 원칙을 일반원칙의 형식으로 규정하고 있는 두 개의 문서, 즉 사회권규약과 세계인권선언이 우리의 연구 목적에 조금 더 잘 부합한다고 판단되기 때문이다.

국제노동기구 헌장은 동일가치노동 동일임금 개념을 처음으로 명시한 국제법 문서라는 점에서 상징성이 크지만, 그 전문의 법적 효력에 관해서는 기존의 논의도 부족하고, 본 논문에서도 자세하게 검토할 만한 역량이 미흡하다고 판단되기 때문에, 본격적인 검토의 대상에서는 제외하였다. 하지만 국제노동기구 헌장은 엄연히 "헌법에 의하여 체결 · 공포된 조약"(헌법 제6조 제1항)으로서 국내법과 같은 효력을 갖고 있으므로, 기타 관련 국내법이나 국제법의 해석에 있어서 그 방향을 지시하는 지침으로서의 역할은 충분히 수행할 수 있을 것이다.

국제노동기구 제100호 협약은 남녀 근로자 사이의 동일가치노동 동일임금 원칙에 관한 것인데, 이것은 이미 남녀고용평등법에서도 규정하고 있는 것이어서, 여기에서 별도로 검토할 실익은 적다고 할 것이다.

제2절 사회권규약의 국내법적 효력

헌법 제6조 제1항은 "헌법에 의하여 체결 · 공포된 조약과 일반적으로 승인된 국제법규는 국내법과 같은 효력을 가진다."라고 정하고 있다. 「경제적

· 사회적 · 문화적 권리에 관한 국제규약」(사회권규약, A규약)은 1990년 6월 13일에 공포된 다자조약 제1006호이다. 즉, "헌법에 의하여 체결 · 공포된 조약"으로서, 헌법 제6조 제1항에 따라 국내법으로서의 효력을 갖고 있다. 이 말의 구체적 의미는 무엇일까? 사회권규약의 규범위계상 지위 문제와 재판규범성 문제를 나누어 검토한다.

1. 사회권규약의 규범위계상 지위

이것은 사회권규약이 국내법상 규범위계 속에서 차지하는 지위에 관한 문제이다. 다시 말하면, 헌법과의 관계 혹은 다른 법령과의 관계에 관한 문제이다. 우리는 이미 다른 논의에서 국제노동기구(ILO) 단결권 협약(제87호, 제98호)의 국내법적 효력과 관련하여 이 문제를 다룬 바 있다.[12] 우리의 결론은 이렇다.

"국제규범을 비준함으로써 국내의 재판규범으로 승인한 이상, 그것과 다른 내용의 법률을 제 · 개정하여 조약보다 우선하는 것은 자기모순이며, 국제사회에서 책임 있는 자세가 아니다. [...] 국제규범을 비준하여 조약의 형식으로 공포한 후에 조약과 배치되는 내용의 법률을 우선시하는 것은 금반언의 원칙에도 반한다.[13] [...] 조약은 헌법과 동등한 수준의 규범은 아닐지라도, 법률보다는 상위의 효력이 있는 것으로 보아야 할 것이다. 말하자면 헌법과 법률의 중간에 있는 규범이라고 할 것이다."[14]

이 결론은 사회권규약과 관련해서도 동일하다.[15] 즉, 사회권규약은 헌법보다는 아래에 있고 법률보다는 위에 있다. 하지만 그렇다고 해서 사회권규

---

12) 박제성 외, 『구체적 권리로서의 노동3권의 의의와 부당노동행위제도 재정립에 관한 연구』, 한국노동연구원, 2022.

13) 「조약법에 관한 비엔나 협약」(1980. 1. 22., 다자조약 제697호) 제26조는 "발효 중인 모든 조약은 당사자를 구속하며, 당사자에 의하여 신의에 좇아 성실하게 이행되어야 한다."라고 규정하고, 제27조는 "당사자는 자신의 조약 불이행에 대한 정당화 근거로서 자신의 국내법 규정을 원용할 수 없다."라고 규정하고 있다.

14) 위의 책, 30-32면.

15) 같은 취지로 박찬운, 「국제인권조약의 국내적 효력과 그 적용을 둘러싼 몇 가지 고찰」, 『법조』, Vol. 609, 2007. 6., 141면 이하 : "국제인권조약은 형식적으로는 헌법에 비해 열위를 인정해야 하지만 국내 법률에 대해서는 우위에 있다고 본다."(151면).

약에 반하는 것으로 보이는 법률의 규정을 모조리 무효라고 볼 필요는 없을 것 같다. 사실 무효로 만들 현실적 방법도 마땅치 않다. 법률의 무효는 헌법재판소의 위헌심판에 의해야 하는데, 조약이 헌법보다 하위에 있는 규범이라고 한다면, 헌법재판소가 사회권규약에 근거하여 어떤 법률의 무효를 결정하기는 힘들 것이기 때문이다. 사회권규약이나 남녀고용평등법이나 근로기준법이나 모두 헌법상 기본권을 근로관계에서 실질적으로 실현하기 위한 것이라고 한다면, 그 헌법적 가치와 이상의 실현에 복무하는 한에서는 각각을 조화롭게 공존하는 방향으로 해석하는 것이 바람직할 것이다. 중요한 것은, 개별 소송에서 법률과 사회권규약이 서로 상충하는 것처럼 보이는 경우에, 법원이 사회권규약에 부합하는 방향으로 법률을 해석하거나, 사회권규약을 우선시하는 방향으로 문제를 해결하는 태도를 정립하는 것이다.

사회권규약 제7조에 따르면, "공정한 임금과 어떠한 종류의 차별도 없는 동등한 가치의 노동에 대한 동등한 보수"를 "모든 근로자에게" 보장하는 것은 보편적 인권으로 인정된다. 즉, 동일가치노동 동일임금 원칙은 모든 형태의 근로관계에 적용되는 일반원칙이다. 이것은 국내 노동관계법의 규정형식과 다소 상이하다고 할 수 있다. 왜냐하면 국내 노동관계법은 동일가치노동 동일임금 원칙을 근로관계 일반법인 근로기준법에서 규정하고 있는 것이 아니라, 남녀고용평등법에서 규정하고 있기 때문이다. 만약, 동일가치노동 동일임금 원칙이 남녀 근로자 사이에만 적용되는 특별원칙이라고 해석하면, 사회권규약과 충돌하게 될 것이다. 하지만, 사회권규약상의 동일가치노동 동일임금 원칙은 모든 근로관계를 포괄하는 일반원칙으로서의 가치를 갖는 것이고, 남녀고용평등법은 이것을 남녀 근로자 사이에서 특별히 강조한 것으로 보면, 양자는 조화롭게 공존할 수 있을 것이다.

유엔 사회권위원회는 2016년에 「정당하고 유리한 노동조건(사회권규약 제7조)을 향유할 권리에 관한 일반논평 23호」[16]를 통해서 사회권규약 제7

16) UN Committee on Economic, Social and Cultural Rights (CESCR), *General comment No. 23 (2016) on the right to just and favourable conditions of work (article 7 of the International Covenant on Economic, Social and Cultural Rights)*, 7 April 2016, E/C, 12/GC/23. 김린, 「적정임금 보장에 대한 국제기준의 시사」, 『법학연구』, 제26집 제4호, 인하대학교법학연구소, 2023. 12., 144면 이하 참조. "일반논평은 규약의 조항을 해석하고 규약을 보충하여

조의 의미를 상세하게 논평하였다. 그중에서 우리의 논의와 관련하여 시사가 될 만한 부분을 인용하면 다음과 같다.

"동동한 가치의 노동에 대한 동등한 보수의 원칙은 모든 부분에 적용된다. 국가가 보수 비율에 대해 직접적인 영향력이 있는 경우, 공공 부문에서의 평등이 가능한 한 빠르게 실현되어 중앙, 도 및 지역 단위의 공무원들, 공공 계약 하의 노동, 혹은 국가가 완전히 혹은 부분적으로 소유한 기업에서의 노동 등과 관련하여 동등한 가치의 노동에 대한 동등한 보수가 보장되어야 한다."[17]

이러한 논평에 비추어 본다면, 과적단속 업무의 수행 등 사실상 동일노동 혹은 동일가치노동을 수행하지만, 근로계약으로 고용되는 국도관리원과 국토교통부 소속 공무원 사이에 발생한 임금 차이에 대해서, "개별 근로계약에 따른 고용상 지위는 공무원과의 관계에서 근로기준법 제6조가 정한 차별적 처우 사유인 '사회적 신분'에 해당한다고 볼 수 없고, 공무원은 그 근로자와의 관계에서 동일한 근로자 집단에 속한다고 보기 어려워 비교대상 집단이 될 수도 없다."[18]라고 하면서, 양자의 임금 차이는 차별이 아니라고 한 2023년 대법원 판결은 국제적 규범감각과 매우 동떨어져 있다는 비판을 면하기 어려워 보인다.

또 하나 시사적인 부분은, 우리 남녀고용평등법 제8조 제1항은 "사업주는 동일한 사업 내의 동일 가치 노동에 대하여는 동일한 임금을 지급하여야 한다."라고 정하고 있는바, 동일가치노동 동일임금 원칙이 동일한 사업 내에서만 적용되는 원칙인 것처럼 해석될 여지를 남겨 두고 있는 데 반하여,[19]

규약이 보장하고 있는 구체적 권리의 범위와 내용을 해석한 문서로서 사회권 규정의 의미를 명확히 하고, 사회권규약이 법원들에 의하여 직접적으로 적용될 수 있는 가능성을 높이는 효과를 가지고 있다. 이러한 일반논평은 그 자체가 법적 구속력을 가지고 있지는 않지만 사회권규약의 해석기준으로 작용함으로써 실질적 구속력을 가지고 있다."(김린, 위의 글, 144-145면).

17) CESCR, *General comment No. 23*, 7 April 2016, para. 14, 김린, 위의 글, 150면에서 재인용.

18) 대법원 전원합의체 2023. 9. 21. 2016다255941.

19) 물론 제8조 제3항에서 "사업주가 임금차별을 목적으로 설립한 별개의 사업은 동일한 사업으로 본다."라고 하여, 적용 범위상 어느 정도의 확장 가능성을 남겨 놓고 있기는 하지만, 임금차별의 목적성이 인정되는 경우에만 그런 것이어서 여전히 제한이 많다고 하지 않을 수 없다.

사회권위원회 「일반논평 23호」는 동등한 가치의 노동인지 여부 및 동등한 임금인지 여부에 대한 평가는 "기관, 기업, 직업 간의 보수 비율 비교에 기반하여 이루어질 수 있다."라고 언급한 점이다.[20] 즉, 명시적이지는 않지만, 동일가치노동 동일임금 원칙은 "사업장의 벽을 넘어" 기업 간에서도 실현되어야 할 원칙이라는 입장을 내비치고 있는 것으로 이해된다는 것이다.[21]

기업의 벽을 넘어서고자 하는 관점은 「일반논평 23호」의 다른 부분, 즉 "단체협약에 의해 정해지는 보수는 동등한 가치의 노동에 대해 평등을 보장하는 것을 목표로 하여야 한다."[22]라는 구절에서도 읽어 낼 수 있다. 왜냐하면 여기에서 말하는 "단체협약"은 결코 기업별 협약만을 의미하는 것은 아닐 것이기 때문이다. 이것은 복수의 기업을 포괄하는 지역별/업종별/산업별 단체협약에서도 동일가치노동 동일임금 원칙이 실현되어야 한다는 입장을 피력한 것이다.

2. 사회권규약의 재판규범성

불이익이나 차별을 받은 개인이 사회권규약에 근거해서 국가 또는 차별행위자를 대상으로 직접 소송에서 그 구제를 다툴 수 있을까? 아니면, 근로기준법이나 남녀고용평등법 등 개별 법령을 통해서 간접적으로만 구제를 다툴 수 있는 것일까? 이것이 사회권규약의 재판규범성 문제이다. 사회권규약이 조약으로서 헌법에 따라 국내법적 효력을 가진다면, 당연히 재판규범성을 갖는 것 아닐까 생각하지만, 현실에서는 반드시 그런 것 같지는 않다. 문제를 검토해 보자.

대한민국 정부는 『유엔 경제적 · 사회적 및 문화적 권리에 관한 국제규약 제5차 국가보고서』를 2023년에 유엔에 제출하였다.[23] 보고서는 사회권규약의 국내 적용과 관련하여, "정부는 「대한민국 헌법」 제6조에 따라 규약이 국내 법체계에서 온전한 효력을 가질 수 있도록, 사법부를 비롯한 정부기관

20) CESCR, *op. cit.*, para. 12, 김린, 앞의 글, 149면에서 재인용.
21) 김린, 앞의 글, 151면.
22) CESCR, *op. cit.*, para. 15, 김린, 앞의 글, 150면에서 재인용.
23) 법무부, 『유엔 경제적·사회적 및 문화적 권리에 관한 국제규약 제5차 국가보고서』, 2023. 12. 31.

과 일반 국민을 대상으로 사회권규약과 규약상의 권리에 대한 인식을 아래와 같이 계속하여 제고하고 있다."[24]라고 하면서, 법관과 검사를 대상으로 하는 교육과 연수, 워크숍, 포럼, 세미나, 심포지엄 등의 행사를 언급하고 있다.[25]

한편, 보고서는 국내법원들이 사회권규약상 권리를 원용하여 내린 판례들이 있는 것처럼 기술하고 있는데,[26] 예를 들면 대법원 2022. 5. 26. 선고 2017다292343 판결이 그중 하나로 예시되어 있다.[27] 하지만 이 판결은 이른바 정년유지형 임금피크제가 「고용상 연령차별금지 및 고령자고용촉진에 관한 법률」에 위반하는지 여부를 다룬 사건일 뿐, 이 판결 어디에서도 사회권규약을 인용하고 있지 않다.

이것을 자유권규약 국가보고서와 비교해 보자. 자유권규약 제4차 국가보고서[28]에 따르면, "대한민국 헌법에 의해 규약이 국내법과 동일한 효력을 지니고 있으며, 새로운 국내법 제정 단계에서 국제규약과의 충돌 여부 등을 검토하므로 규약에 위반되는 내용의 법률이 제정될 가능성이 없다는 것은 제3차 국가보고서에서 설명한 바와 같다. 만약 동 규약에 위반되는 법률이 제정된다 하더라도 자유권규약상의 권리 대부분은 이미 대한민국 헌법상 기본권으로 보장되고 있으며, 자유권규약에 반하는 내용의 신법이나 특별법은 헌법상 기본권을 침해하는 위헌적인 법률이 되어 헌법재판소의 위헌심사를 받게 된다."[29]

계속해서 보고서는 "우리나라가 가입한 국제인권조약은 법원의 판단기준으로 원용되고 있다."[30]라고 하면서, 대법원 2008. 11. 13. 선고 2006도755

---

24) 위 보고서, para. 6, 5-6면.
25) 위 보고서, 5-6면.
26) 위 보고서, para. 12, 7면.
27) 위 보고서, 「부록 표-3 사회권규약상 권리를 원용해 내린 주요 판례」, 65면.
28) 법무부, 『유엔 시민적 및 정치적 권리에 관한 국제규약 이행에 대한 제4차 국가보고서』, 2011. 제5차부터는 간소화 절차가 적용되어, 『유엔 시민적 · 정치적 권리규약 제5차 보고서 - 보고 전 질의목록에 대한 답변』(2020. 9.)만 작성한 것으로 보인다. 이 제5차 보고서에는 종전까지 다른 보고서에는 수록되어 있던 "일반적 사항(General Comments)"이 없다. 규약의 국내법적 효력에 관한 내용은 이 "일반적 사항"에 포함되어 있었다. 그런 이유로 해서 이 글에서는 제4차 국가보고서의 관련 내용을 인용하기로 한다.
29) 위 제4차 국가보고서, para. 22, 8면.

판결을 사례로 들고 있다.[31] 이 판결은 구 노동쟁의조정법상 제3자 개입금지 조항이, 단결의 자유를 보장하고 있는 사회권규약 제8조 제1항 및 표현의 자유를 보장하고 있는 자유권규약 제19조 제2항, 나아가 단결의 자유를 보장하고 있는 국제노동기구 헌장 및 부속문서에 위반하는 것은 아닌지 여부를 다투는 사건이다.

대법원은 이렇게 판시했다. "[제3자 개입금지 조항이] 노동조합 결성 및 가입의 자유를 보장하고 있는 「경제적 · 사회적 · 문화적 권리에 관한 국제규약」 제8조 제1항이나 결사의 자유에 관하여 선언하고 있는 국제노동기구 헌장 전문 및 그 부속서에 위배된다고 볼 수 없다. 한편, [이 조항이] 「시민적 · 정치적 권리에 관한 국제규약」 제19조 제2항이나 국제노동기구 헌장 부속서에서 보장하고 있는 표현의 자유를 제한하고 있기는 하나, 위 제한의 입법 취지와 「시민적 · 정치적 권리에 관한 국제규약」 제19조 제3항 역시 공공질서 등을 위하여 필요한 경우 법률에 의하여 표현의 자유를 제한할 수 있도록 규정하고 있는 점 등에 비추어 볼 때, 위 법 제13조의2가 「시민적 · 정치적 권리에 관한 국제규약」 제19조나 국제노동기구 헌장 부속서 등에 위배된다고 볼 수 없다."

결론적으로는 규약 위반이 아니지만, 이 규약들이 국내의 재판에서 준거로 작용할 수 있다는 점을 인정하고 있는 것으로 볼 수 있다.

사회권규약 국가보고서와 자유권규약 국가보고서를 비교하면, 사회권규약의 재판규범성에 대해서 소극적이라는 사실을 확인할 수 있다. 자유권규약 국가보고서에서 국제인권조약이 법원의 판단기준으로 원용되고 있다면서 인용하고 있는 위 대법원 판결이 자유권규약과 사회권규약을 같이 다룬 사건임에도 불구하고 말이다.

사회권규약 제2조 제1항에 의하면, "이 규약의 각 당사국은 특히 입법조치의 채택을 포함한 모든 적절한 수단에 의하여 이 규약에서 인정된 권리의 완전한 실현을 점진적으로 달성하기 위하여, 개별적으로 또한 특히 경제적, 기술적인 국제지원과 국제협력을 통하여, 자국의 가용 자원이 허용하는 최대한도까지 조치를 취할 것을 약속한다." 특히 이 규정에 나오는 "점진적으

30) 위 보고서, para. 23, 9면.
31) 위 보고서, para. 24, 9면.

로 달성하기(achieving progressively)"라는 표현은 사회권을 일종의 프로그램적 성격의 권리로 오해하게 만드는 원인을 제공하였고, 사회권의 재판규범성을 부인하는 근거로도 사용되었다는 평가를 받는다.32)

그러나 "A규약이사회는 일반권고 3에서 '점진적 권리의 실현'은 경제적 권리 등의 완전한 실현이 일반적으로 단기간에 실현되기 어렵다는 점을 인정하는 것일 뿐이며, 이 구절은 권리실현에 있어서 가능한 한 국가들이 신속하게 행동하여야 한다는 분명한 의무를 설정하기 위한 규약의 전체적인 목표에 비추어 새겨져야 한다고 명시하고 있다. [...] 또한 일반권고 3은 규약 2(1)과 관련하여 3, 7(a)(i), 8, 10(3), 13(2)(a), 13(4), 15(3) 등의 규정들은 사법기구, 그리고 여타 기구에 의하여 즉시 집행이 가능한 규정들이라고 하였으며, 규정의 '자기집행력(self-executing power)'을 인정하였다."33)

우리 헌법학에서도 예전에는 사회권을 프로그램적 성격의 규정으로 해석하는 입장이 없지 않았다. 하지만 이후 추상적 권리설을 거쳐 구체적 권리설에 이르기까지 사회권의 법적 성격을 적극적으로 해석하는 입장이 점점 더 확대되고 있다는 사정을 인식할 필요가 있다.34)

나아가 현대의 기본권론 혹은 인권론에서는 자유권이든 사회권이든 국가의 의무는 다면적이고 다층적이라는 점을 인식한다.35) 이에 따르면, 국가의 의무는 3중 구조 혹은 4중 구조로 이해할 수 있다. 3중 구조는 권리의 존중, 보호, 충족으로 설명하고, 4중 구조는 권리의 존중, 보호, 충족, 촉진으로 설명한다. ① 존중 : 국가 스스로 권리 침해를 하지 않는 것. ② 보호 : 제3자에 의한 침해로부터 권리를 보호하는 것. ③ 충족 : 권리가 국가의 적극적인 조치가 있어야 비로소 실현되는 경우 그 필요한 조치를 취하는 것. ④ 촉진 :

32) 박찬운, 앞의 글, 166면. 사회권의 재판규범성을 부정하는 논리들 및 이에 대한 상세한 반비판에 대해서는 이주영, 「사회권규약의 발전과 국내적 함의」, 『국제법학회논총』, 제61권 제2호, 대한국제법학회, 2016, 125면 이하 참조.

33) UN Committee on Economics, Social and Cultural Rights, *General Comment No. 3 on the Nature of States Parties' Obligation*, U.N. Doc. E/1991/23, 홍성필, 「국제인권법의 국내적 적용에 관한 연구」, 『법학논총』, 제3권 제1호, 이화여대법학연구소, 1998. 10., 120면에서 재인용.

34) 김복기, 「사회적 기본권의 법적 성격」, 『사회보장법연구』, 제3권 제1호, 서울대 사회보장법연구회, 2014, 111면 이하 참조.

35) 박찬운, 앞의 글, 166면 이하.

권리의 실현을 증진하기 위해 여러 가지 인적 · 물적 조건을 정비하는 것을 의미한다. 자유권에서도 충족과 촉진이 필요한 부분이 있고, 반대로 사회권에서도 즉시 실현이 가능한 부분이 있다.

자유권규약이든 사회권규약이든 조약으로서 헌법에 따라 국내법과 같은 효력을 가지고 있으므로, 다른 국내법의 재판규범성을 판단하는 것과 동일한 기준으로 그 재판규범성을 판단해야 할 것이다. 그것은 해당 규범이 재판규범으로 원용될 수 있을 정도로 구체성과 명확성을 가지고 있느냐 여부일 것이다. 예를 들어, 재판규범성에 의심이 없는 남녀고용평등법 제8조 제1항과 여기에서 문제가 되고 있는 사회권규약 제7조를 비교해 보자.

- 남녀고용평등법 제8조 제1항 : 사업주는 동일한 사업 내의 동일 가치 노동에 대하여는 동일한 임금을 지급하여야 한다.

- 사회권규약 제7조 : 이 규약의 당사국은 특히 다음 사항이 확보되는 공정하고 유리한 근로조건을 모든 사람이 향유할 권리를 가지는 것을 인정한다.
  (a) 모든 근로자에게 최소한 다음의 것을 제공하는 보수
    (i) 공정한 임금과 어떠한 종류의 차별도 없는 동등한 가치의 노동에 대한 동등한 보수, 특히 여성에게 대하여는 동등한 노동에 대한 동등한 보수와 함께 남성이 향유하는 것보다 열등하지 아니한 근로조건의 보장

(이하 생략)

사회권규약의 규정이 남녀고용평등법의 규정에 비해서 구체성과 명확성이 떨어진다고 볼 이유가 없다. 남녀고용평등법의 규정이 재판규범성을 갖는다는 것에 대해서 이의가 없다면, 사회권규약의 규정도 재판규범성을 갖는다는 것에 이의를 제기하기는 어려울 것이다.

제3절 세계인권선언의 국내법적 효력

세계인권선언은 대한민국이 비준한 문서가 아니므로, 헌법 제6조 제1항에서 말하는 바의 "헌법에 의하여 체결 · 공포된 조약"에는 해당하지 않는다. 하지만 그렇다고 해서 곧바로 법적 구속력이 없는 단순한 "선언"에 불과하다고 평가하는 것은 타당하지 않다. 세계인권선언은 이미 많은 법학자들에 의하여 국제관습법의 일부로 인정되고 있다.[36] 그렇다면 세계인권선언은, 비록 비준된 조약은 아니지만, "일반적으로 승인된 국제법규"(헌법 제6조 제1항)로서 국내법과 같은 효력을 갖는다고 할 수 있지 않을까?

1. "일반적으로 승인된 국제법규"로서의 세계인권선언의 재판규범성

헌법재판소는 아직 세계인권선언의 법적 구속력을 인정하지 않는다. 헌법재판소는 "세계인권선언은 [...] 모든 국민과 모든 나라가 달성하여야 할 공통의 기준으로 선언하는 의미는 있으나, 그 선언 내용인 각 조항이 바로 보편적인 법적 구속력을 가지거나 국제법적 효력을 갖는 것으로 볼 것은 아니다."[37]라고 했다. 헌법재판소는 별다른 논증도 없이 세계인권선언의 "법적 구속력"과 "국제법적 효력"을 부인하고 있다.

이러한 태도에 대해서 국제법 정인섭 교수의 비판이 있다.

"1948년 세계인권선언이 채택될 당시를 기준으로 하면 위와 같은 판단에는 아무런 문제가 없다. 그러나 사건의 일방 당사자가 세계인권선언이 법적 구속력이 없는 UN 총회 결의의 형식으로 채택된 사실을 모르고 이의 관습국제법성을 주장한 것은 물론 아닐 것이다. 당사자로서는 반 세기 이상 국제사회에서의 실행을 통해 이제는 관습국제법성이 성립되었다는 주장을 한 것이다. 그렇다면 재판부로서는 1948년 채택시의 문구만을 기준으로 결론

---

36) 홍성필, 앞의 글, 115면.
37) 헌법재판소 2008. 12. 26. 2005헌마971.

을 내리는 데 그치지 말고, 현재까지의 국제사회의 실행을 바탕으로 판단해도 아직 관습국제법성의 성립요건이 충족되지 않았다는 분석을 제시해야 했을 것이다."[38]

헌법재판소의 태도는 세계인권선언을 국제관습법으로 인정하지 않겠다는 의지의 표명일 뿐, 그렇게 인정되지 않는 이유를 설명하고 논증하는 것이 아니다.[39] 법철학자 박준석은 재판청구권의 의미에 대해서 이렇게 갈파했다. "재판을 청구한다는 것 혹은 재판을 받는다는 것은 사안의 종국적 해결방향에 대한 명확한 판단을 구하는 것일 뿐만 아니라, 그러한 판단이 기초로 삼고 있는 이유 내지 근거의 제시를 구하는 것이기도 하다." 즉, 재판청구권이란 "자의적이지 않은 법적 판단에 대한 권리"를 의미하는 것이고, 반대로 재판을 하는 법관이나 법원의 입장에서는 "일정한 논증의 의무를 부담하게 하는 것"이다.[40] 그렇다면, 헌법재판소의 태도는 국민의 재판청구권을 침해한 것이라는 비판을 면하기 어려울 것이다.

국제관습법의 일부로 인정되고 있다는 것은 헌법 제6조 제1항에서 말하는 바의 "일반적으로 승인된 국제법규"로 볼 수 있다는 말이다.[41] 국가인권위원회법 제2조에 따르면, "인권이란 대한민국헌법 및 법률에서 보장하거나 대한민국이 가입·비준한 국제인권조약 및 국제관습법에서 인정하는 인간으로서의 존엄과 가치 및 자유와 권리를 말한다." 이 규정을 헌법 제6조 제1항과 대비시켜 보면, 결국 국가인권위원회법에서 말하는 "국제관습법"과 헌법이 말하는 "일반적으로 승인된 국제법규"가 같은 의미라는 것을 알 수 있다.

판례상으로도 "일반적으로 승인된 국제법규"와 "국제관습법"을 같은 것 또는 전자가 후자를 포괄하는 것으로 이해하면서, 이를 재판규범으로 삼을 수 있음을 인정하는 사례들이 발견된다. 예를 들어, 이른바 양심적 병역거부

38) 정인섭, 「헌법 제6조 제1항상 "일반적으로 승인된 국제법규"의 국내 적용 실행」, 『서울국제법연구』, 제23권 제1호, 2016, 68면.

39) 위의 글, 69면 참조.

40) 박준석, 『법사상, 생각할 의무에 대하여』, 아카넷, 2015, 262면에서 각 인용, 박제성, 『하청노동론』, 퍼플, 2018, 86면에서 재인용.

41) 성재호, 「조약과 일반적으로 승인된 국제법규」, 『미국헌법연구』, 제28권 제1호, 미국헌법학회, 2017. 4., 109면 이하.

에 관한 헌법재판소 2011년 결정은 이렇게 판시했다.[42]

"우리 헌법 제6조 제1항은 '헌법에 의하여 체결 · 공포된 조약과 일반적으로 승인된 국제법규는 국내법과 같은 효력을 가진다.'고 규정함으로써 국제법질서 존중의 원칙을 선언하고 있으므로, 우리가 가입한 국제조약이나 일반적으로 승인된 국제법규에서 양심적 병역거부권을 인정하고 있다면 우리나라에도 그대로 법적인 구속력이 발생하게 된다." 계속해서 이렇게 판시했다. "우리나라가 가입하지 않았지만 일반성을 지닌 국제조약과 국제관습법에서 양심적 병역거부권을 인정한다면 우리나라에서도 일반적으로 승인된 국제법규로서 양심적 병역거부의 근거가 될 수 있다."

즉, 국제관습법은 일반적으로 승인된 국제법규로서 헌법 제6조 제1항에 따라 국내법으로서의 효력을 가지고 재판규범이 될 수 있다는 점을 인정하고 있는 것이다.

또 대법원 판례 중에서도 시사가 될 만한 것이 있다. 주한미군에서 근무하다가 해고된 근로자의 부당해고소송에서 대법원 전원합의체는 이렇게 판결했다.

"국제관습법에 의하면 국가의 주권적 행위는 다른 국가의 재판권으로부터 면제되는 것이 원칙이라 할 것이나, 국가의 사법적(私法的) 행위까지 다른 국가의 재판권으로부터 면제된다는 것이 오늘날의 국제법이나 국제관례라고 할 수 없다. 따라서 우리나라의 영토 내에서 행하여진 외국의 사법적 행위가 주권적 활동에 속하는 것이거나 이와 밀접한 관련이 있어서 이에 대한 재판권의 행사가 외국의 주권적 활동에 대한 부당한 간섭이 될 우려가 있다는 등의 특별한 사정이 없는 한, 외국의 사법적 행위에 대하여는 당해 국가를 피고로 하여 우리나라의 법원이 재판권을 행사할 수 있다고 할 것이다."[43]

이 판결도, 결론과 무관하게, 헌법재판소의 결정과 마찬가지로, 국제관습법이 재판규범이 될 수 있다는 점을 전제로 하고 있다.

이러한 점들을 고려할 때, 세계인권선언은 국제관습법으로서 헌법 제6조 제1항에서 말하는 바의 "일반적으로 승인된 국제법규"에 해당한다고 할 수

---

42) 헌법재판소 2011. 8. 30. 2008헌가22.
43) 대법원 전원합의체 1998. 12. 17. 97다39216.

있다. "일반적으로 승인된 국제법규"에 해당하기 위해서 대한민국의 직접적인 승인이 필요한 것은 아니다.[44] 그러므로 헌법 제6조 제1항에 따라 "국내법과 같은 효력을 가진다."라고 말할 수 있다.

특히, 국제관습법의 국내적 적용과 관련해서는, 국내법으로 형식상 변형(transformation)하는 과정을 거치지 않고, 국제법의 모습 그대로 국내에 직접 수용(incorporation)되는 방식을 따르는 것이 보통이다. 관습법의 특성상 어느 시점에 국제관습법으로 형성되었는지 판단하기가 사실상 불가능하기 때문에, 변형의 방식을 취한다면 국제법 위반의 위험에 상시 노출될 수 있기 때문이다.[45]

2. 세계인권선언의 규범위계상 지위

헌법재판소는 조약만이 아니라 국제관습법까지 포함하여 국제법을 존중하는 것이 우리 헌법의 기본이념이라고 명확하게 밝히고 있다.

"우리 헌법은 헌법에 의하여 체결·공포된 조약은 물론 일반적으로 승인된 국제법규를 국내법과 마찬가지로 준수하고 성실히 이행함으로써 국제질서를 존중하여 항구적 세계평화와 인류공영에 이바지함을 기본이념의 하나로 하고 있으므로(헌법 전문 및 제6조 제1항 참조), 국제적 협력의 정신을 존중하여 될 수 있는 한 국제법규의 취지를 살릴 수 있도록 노력할 것이 요청됨은 당연하다."[46]

국제관습법으로서의 세계인권선언의 규범위계상 지위에 대해서는, 조약의 경우와 마찬가지로, 헌법동위설(헌법과 같은 효력을 갖는다), 법률상위설(헌법보다는 낮지만 법률보다는 상위의 효력을 갖는다), 법률동위설(법률과 동등한 효력을 갖는다), 법률하위설(조약 등의 내용에 따라서 법률보다 하위의 효력을 가질 수 있다) 등이 있다. 헌법 제6조 제1항이 "헌법에 의하여 체결·공포된 조약"과 "일반적으로 승인된 국제법규"를 가리지 않고 공히 "국내법과 같은 효력을 가진다."라고 했으므로, 조약과 국제관습법의 규범위계

44) 정인섭, 앞의 글, 57면.
45) 위의 글, 59면.
46) 헌법재판소 2005. 10. 27. 2003헌바50.

상 지위는 동일하게 판단되는 것이 맞을 것이다. 앞에서 우리는 조약인 사회권규약의 규범적 위계에 대해서 법률상위설의 입장을 취했다. 그러므로 국제관습법인 세계인권선언에 대해서도 마찬가지로 법률상위설의 입장을 취하는 것이 논리일관일 것이다.47)

다만, 세계인권선언이 법률보다 상위의 효력을 갖는다고 하더라도, 이에 반하는 법률의 규정을 무효로 만들 수 있는 실정법적 방법은 딱히 없다. 「선언」에 반하는 법률을 무효로 만들기 위해서는 헌법재판소에서 위헌심판을 하는 방법밖에 없는데, 「선언」이 헌법과 동위의 효력을 갖는다는 입장이 아닌 다음에는 헌법재판소에서 이를 위헌심판의 근거로 원용할 수는 없을 것이기 때문이다.

세계인권선언이나 실정 노동관계법이나 모두 헌법상 기본권을 근로관계에서 실질적으로 실현하기 위한 것이라고 한다면, 그 헌법적 가치와 이상의 실현에 복무하는 한에서는 각각을 조화롭게 공존하는 방향으로 해석하는 것이 바람직할 것이다. 중요한 것은, 사회권규약의 경우와 마찬가지로, 개별 소송에서 법률과 「선언」이 서로 상충하는 것처럼 보이는 경우에, 법원이 「선언」에 부합하는 방향으로 법률을 해석하거나, 「선언」을 우선시하는 방향으로 문제를 해결하는 태도를 정립하는 것이다.

제4절 소 결

고령자의 고용을 유지 · 촉진하기 위한 조치들 가운데, 이른바 임금피크제 및 정년 후 계속고용/재고용과 결합된 임금조정은, 설령 고령자고용법 위반은 아닐지 몰라도(고령자고용법 제4조의5에 따르면, “이 법이나 다른 법률에 따라 특정 연령집단의 고용유지 · 촉진을 위한 지원조치를 하는 경우”를 연령차별로 보지 아니한다고 정하고 있기 때문에)48), 사회권규약 및

47) 국제관습법의 규범적 위계에 관한 제학설의 비판적 검토에 대해서는 정인섭, 앞의 글, 72면 이하 참조.

48) 다만, 그럼에도 불구하고, 임금피크제 또는 정년 후 계속고용/재고용이 법에서

세계인권선언에서 정하고 있는 동일가치노동 동일임금 원칙에는 반할 수 있다. 사회권규약과 세계인권선언의 동일가치노동 동일임금 원칙은 고령자의 고용관계에도 당연히 적용되기 때문이며, 이 두 개의 국제법 규범은 고령자고용법에 유사한 차별예외를 두고 있지 않기 때문이다. 이로써 국내법적 효력을 갖는 국제법과 국내의 법률이 서로 충돌하는 상황이 발생할 수 있다. 본론에서 검토한 바에 따르면, 이 경우에는 국제법 합치적 해석이 필요하다고 할 것이다.

지금까지의 관련 논의는 판례와 학설 공히 국제법 규범의 국내법적 효력을 도외시한 채, 국내의 법령 차원에서만 진행된 한계가 있다. 앞으로 관련 논의는 동일가치노동 동일임금 원칙의 국제법적 근거를 함께 고려하면서 진행될 필요가 있다.

말하는 "지원조치"에 해당하는지 여부는 별도의 판단을 필요로 한다고 할 것이다. 어떤 경우에는 단순히 법의 규정을 적용한 결과일 뿐일 수도 있고(60세 이상으로 정한 정년), 어떤 경우에는 단순히 기존 근로계약의 묵시적 갱신(정년 후 계속고용)이거나 신규 근로계약의 체결(정년 후 재고용)에 불과한 것일 뿐, "법"이 의미하는 바의 "고령자의 고용유지 · 촉진을 위한" 사용자의 별도의 "지원조치"는 아니라고 볼 수도 있기 때문이다.

제 3 장
임금피크제와 연령차별

제1절 문제의 제기

임금피크제는 근로자에게 정년을 보장 또는 연장해 주는 대신 일정 연령 또는 근속 시점에 도달하면 임금을 삭감하는 제도이다. 근로자에게는 고용유지 또는 연장의 이익이 돌아가고, 사업주는 연공급 성격이 강한 고령의 장기근속 근로자의 임금 부담을 줄일 수 있다. 정책적 성격으로는 임금피크제를 통해 절약한 인건비를 청년 고용으로 돌릴 수 있다.

그러나 고용유지 또는 연장이 보장되더라도 '나이'를 이유로 임금을 삭감하는 것은 다분히 연령차별의 소지가 크다. 실제 고령자고용법 제4조의4(모집 · 채용 등에서의 연령차별 금지) 제1항은 '임금과 임금 외의 금품 지급 및 복리후생'에 있어 합리적인 이유 없이 연령을 이유로 근로자를 차별해서는 안 된다고 규정한다(동 조항 제2호).

그리고 또 하나 짚어봐야 할 점은 '정년제'이다. 임금피크제는 정년을 전제로 하여 임금의 정점을 가정하고 그 이후로 임금을 감액하는 제도이다. 정년제 역시 연령 차별적 측면이 있는데, 고령자고용법 제4조의4 제1항은 '퇴직과 해고'에 있어 합리적인 이유 없이 연령을 이유로 한 차별을 금지한다. 그렇다면 정년제가 만일 우리 헌법이 보장하고 있는 평등권 등을 침해하는 위헌적인 내용이어서 무효라면 임금피크제는 그 전제를 상실하므로 제도 자체가 유지될 수 없다. 따라서 본격적인 논의 전에 정년제의 유효성에 대한 검증부터 하여야 한다.

정년제가 유효하다는 전제 아래[49] 임금피크제가 연령차별인가라는 문제는 '그렇다'와 '아니다'라는 일도양단의 문제가 아니라 사안별로 '종합적'으로 살펴봐야 한다. 대법원은 2022. 5. 26. 선고 2017다292343 판결(이하 '한국전자기술연구원 판결'이라 함)에서 '정년유지형 임금피크제'의 경우 일정한 전제가 갖추어지지 않는다면 고령자고용법 제4조의4 제1항에 위반되는 연령차별이라고 판시하였다. 구체적으로, 대법원은 정년유지형 임금피크제에 고령자고용법 제4조의4 제1항에서 규정하는 합리적인 이유가 있는지는 ① 임금피크제 도입 목적의 타당성, ② 대상 근로자들이 입는 불이익의 정도, ③ 임금 삭감에 대한 대상(代償)조치의[50] 도입 여부 및 그 적정성, ④ 임금피크제로 감액된 재원이 임금피크제 도입 본래의 목적을 위해 사용되었는지 등의 여러 사정을 '종합적'으로 고려하여 판단하여야 한다고 판시한다.

대법원의 한국전자기술연구원 판결 이후 임금피크제의 효력을 연령차별의 관점에서 판단한 하급심 판결이 다수 쏟아져나왔다. 위 대법원의 판단은 정년유지형 임금피크제에 한정하였지만, 하급심은 정년연장형 임금피크제 사건에서도 대법원의 판단 요소 ①에서 ④를 원용함에 따라 같은 판단 기준을 적용한다. 결과적으로 보았을 때 정년유지형보다는 정년연장형 임금피크제 사건에서 연령차별의 합리적 이유를 긍정한 예가 매우 많아 정년연장형 임금피크제의 경우 연령차별이 아니라는 단정적 결론을 섣불리 내리기 쉽다. 그러나 이런 확정적 결론은 대법원의 판시를 왜곡시킬 우려가 있다.

대법원판결의 ①에서 ④ 판단 요소 중 사실관계에서 주로 쟁점이 된 것은 ②와 ③ 및 이들의 연관성이다. 특히 ② 불이익으로서 임금 삭감의 정도(감액률)와 ③ 임금이 감액된 만큼 업무량이 조절되는지가 주요 판단 요소이었다. 그런데 정년연장형 임금피크제 사안에서 하급심 판결은 종종 정년연장 자체가 ③ 대상조치로서 임금 삭감의 불이익을 상쇄한다고 판단한다.[51] 이

49) 본 장 제2절에서 상세히 논의한다.

50) '대상(代償)조치'란 일방이 타인에게 끼친 피해와 잘못 등에 대해 시정 및 보상을 하는 것으로, 노동법의 영역에서 보면 사용자의 행위로 근로자가 입은 손해를 메우기 위한 여러 인사상·경제적 보상을 의미한다.

51) 서울중앙지방법원 2022. 6. 16. 선고 2019가합592028 판결, 서울중앙지방법원

는 정년연장형 임금피크제에서 임금 삭감이 고령자 연령차별이 아니라는 주요한 근거가 된다. 그러나 고령자고용법 제19조는 법률로 근로자의 정년을 60세로 규정하고 있다. 만일 근로자의 정년을 58세에서 60세로 상향하고 임금피크제를 도입할 경우 이러한 제도적 보장이 이루어진 경우까지 불이익에 대한 대상조치라고 보아야 할 것인지 의문이다.

마지막으로 살펴봐야 할 것은 임금피크제와 동일가치노동 동일임금 원칙의 관계이다. 즉, 비교대상 근로자와의 평등권 침해가 문제가 될 수 있다. 한국전자기술연구원 사건에서 대법원은 임금피크제가 연령차별이 아닌 정당성 요건에서 임금이 감액되더라도 그것에 맞추어 근무시간 또는 업무량이 줄어들거나 다른 대상조치가 있다면 정당하다고 판시하였다. 그러나 하급심 판결 중 비교대상 근로자가 없다는 이유로 동일가치노동 동일임금 원칙에 위배되지 않는다는 판시가 있어[52] 분석이 필요하다.

이하 본 장에서는 ① 임금피크제의 전제가 되는 정년제의 유효성을 살펴보고, ② 한국전자기술연구원 사건에서 대법원이 정년유지형 임금피크제의 정당성 요건이라 설시한 내용을 분석한다. ③ 정년연장형 임금피크제에서 정년연장 자체가 대상적 조치가 될 수 있는지를 비판하며, ④ 임금피크제와 고령자고용법 제4조의5 및 제19조의2의 관계에서 바로 임금피크제가 연령차별을 정당화할 수 있는지를 검토한다. 그리고 ⑤ 임금피크제와 동일가치노동 동일임금 원칙의 관계를 설시한 하급심 판결례의 논거를 살펴보고자 한다.

제2절 정년제의 유효성 : 연령차별

미국의 '고용상의 연령차별금지법(Age Discrimination in Employment

2024. 3. 26. 선고 2022가단5394284 판결, 서울남부지방법원 2024. 1. 30. 선고 2023가단207029 판결, 서울남부지방법원 2024. 3. 27. 선고 2023가합110139 판결 등.

52) 서울고등법원 2021. 12. 14. 선고 2019나2029394 판결.

Act, ADEA)'은 20인 이상의 근로자를 사용하는 사업주는 연령을 이유로 40세 이상인 자에 대해서는 차별을 금지하여 실질적으로 정년제가 없다. 영국은 과거 '노동관계법(Industrial Relation Act)'에서 정년을 규정하고 있었으나, 2010년 기존의 개별적인 차별금지법들을 통합한 '평등법(Equality Act 2010)'을 제정하면서 기업 운영에 필요한 예외적인 경우를 제외하고는 정년을 폐지하였다.[53] 비교하여 우리 식의 정년제를 규정하고 있는 나라로는 일본이 대표적이며, 프랑스의 경우 70세가 넘으면 사업주는 근로자에게 일방적으로 근로계약의 해지를 청구할 수 있다.

이렇듯 정년제는 국가별로 법제의 유·무효성이 갈리고 있다. 우리의 경우도 학설로는 정년제의 위헌적 성격이 논해지고 있다. 먼저 정년제가 헌법상의 평등권과 근로권, 그리고 직업선택의 자유 등을 침해한다는 견해가 있다.[54] 정년제가 나이를 근거로 한 고용차별이라는 점, 기업의 일방적인 설정이라는 점, 정년제의 전제였던 종신고용제·연공서열제가 사라지고 있다는 점, 고령화 사회가 진행됨에 따라 정년제의 순기능이 발현되지 않는다는 점 등을 들고 있다. 여기에 대해 정년제가 합법이라는 견해는 과도한 고령자 운영은 기업의 부담이 된다는 점, 개별적인 근로자의 신체적인 노동능력을 측정하는 것보다 획일적인 기준에서 당연 퇴직시키는 것이 합리적이라는 점 등을 들고 있다.[55]

헌법재판소와 대법원의 견해를 보면, 헌법재판소는 법관의 정년을 규정한 것에 대해 "법관의 정년을 설정한 것은 법관의 노령으로 인한 정신적·육체적 능력 쇠퇴로부터 사법이라는 업무를 제대로 수행함으로써 사법제도를 유지하게 하고, 한편으로는 사법인력의 신진대사를 촉진하여 사법조직에 활력을 불어넣고 업무의 효율성을 제고하고자 하는 것"으로 정당하다고 한다.[56] 대법원은 정년의 유·무효에 관해서는 별다른 논거 없이 그 정당함

---

53) 김기선, 「고용연장의 입법정책적 과제」, 『월간 노동리뷰』, 2023년 2월호, 한국노동연구원, 2023. 2., 30-31면.

54) 김유성, 『노동법 I』, 법문사, 2005, 338-340면; 노동법실무연구회, 『근로기준법주해 II』(제2판), 박영사, 2020, 311면.

55) 노병호, 『노동법 I』, 진원사, 2017, 425-427면; 노동법실무연구회, 위의 책, 311면에서 재인용.

56) 헌법재판소 2002. 10. 31. 2001헌마557 결정; 노동법실무연구회, 위의 책, 312면.

을 전제로 "취업규칙 등에 명시된 정년에 도달하여 당연퇴직하게 된 근로자에 대하여 사용자가 그 정년을 연장하는 등의 방법으로 근로관계를 계속 유지할 것인지 여부는 특별한 사정이 없는 한 사용자의 권한에 속하는 것으로서, 해당 근로자에게 정년연장을 요구할 수 있는 권리가 있다고 할 수 없"다라고 판시하였다.[57]

생각건대, 장기적으로 정년제는 폐지하는 것이 옳다고 생각한다. 첫째, 노령으로 인한 정신적 · 신체적 능력이 쇠퇴하는 것이 사실이지만, 개인적인 차이가 크게 나는 가운데, 나이라는 획일적 기준으로 그렇지 않은 근로자까지 강제로 퇴직시킨다는 것은 엄연한 연령차별로 헌법상의 평등권, 근로권 그리고 직업선택의 자유를 침해하는 것이다. 만일 노쇠로 인해 더 이상 근로관계를 유지하는 것이 어렵다고 생각될 때는 사용자는 일신상의 사유로 인한 통상해고를 할 수 있다. 둘째, 정책적으로 노인 빈곤 문제를 생각하지 않을 수 없다. 법정 최소 정년은 60세이지만, 실제로는 그 이전에 직장에서 사직하는 경우가 많으며, 사직 이후 부족한 연금을 보충하기 위해 전과 다른 직무로 이직하여 계속 일하여 실제 사회적 정년은 60세를 초과하기 때문이다.[58] 셋째, 사회적 자원의 낭비를 아낄 수 있다. 앞서 기술한 것처럼 조기 사직 또는 정년 이후 노인 세대는 평소 자신의 직무와는 전혀 상관없는 저숙련 · 저임금 업종에 종사한다. 이는 사회에서 훈련된 고숙련 · 전문 직종 종사자의 기술과 능력을 사회적으로 사장하는 것과 같다.

57) 대법원 2008. 2. 29. 선고 2007다85997 판결.

58) 통계청의 '2024년 6월 고용동향' 자료에 의하면, 60세 이상 인구는 14,120천 명이고 취업자 수는 6,694천 명이어서 고용률은 47.4%에 달하였으며, 70세 이상 인구는 6,426천 명이고 취업자 수는 2,103천 명으로 고용률은 32.7%로 조사되었다. 즉, 60세 이상이 되어도 상당수 노년층은 퇴직을 하지 못하고 있다.

제3절 정년유지형 임금피크제와 연령차별의 정당성 판단 기준

1. 고령자고용법 연령차별금지 규정의 강행성

대법원 2022. 5. 26. 선고 2017다292343 판결, '한국전자기술연구원' 사건의 사실관계를 간략히 설명하면 다음과 같다. 본 연구원은 노동조합과 '신인사제도'를 시행하기로 합의한 후 기존의 정년 61세를 그대로 유지하면서 55세 이상 정규직 직원들을 대상으로 임금을 삭감하는 내용의 성과연급제(임금피크제)를 시행하였다. 이에 본 연구원에서 해당 당사자인 근로자가 이 성과연급제는 고령자고용법상 연령차별 금지에 위반되어 무효라고 주장하면서 삭감된 임금 등의 지급을 청구하였다.

대법원은 이 사건 성과연급제의 무효를 판단하기에 앞서 그 전제로서 고령자고용법 제4조의4(모집 · 채용 등에서의 연령차별 금지) 제1항이 강행규정인지를 심사한다. 만일 제4조의4 제1항이[59] 강행규정이 아닌 임의규정이라면 본 연구원과 노동조합이 체결한 합의(취업규칙)가 해당 규정보다 우선적인 효력을 가지기 때문이다. 반대로 제4조의4 제1항이 강행규정이라면 양자 간 내용에 관한 합의가 있더라도 그것이 규정에 저촉된다면 합의의 내용은 무효가 된다.

대법원은 고령자고용법 제4조의4 전체의 내용과 연령차별을 국가인권위원회에 진정할 수 있으며(동법 제4조의6 제1항), 국가인권위원회의 구제 조

---

59) 제4조의4(모집 · 채용 등에서의 연령차별 금지) ① 사업주는 다음 각 호의 분야에서 합리적인 이유 없이 연령을 이유로 근로자 또는 근로자가 되려는 사람을 차별하여서는 아니 된다.
   1. 모집 · 채용
   2. 임금, 임금 외의 금품 지급 및 복리 후생
   3. 교육 · 훈련
   4. 배치 · 전보 · 승진
   5. 퇴직 · 해고

치 등의 권고를 받은 사업주가 정당한 사유 없이 권고를 이행하지 않을 경우 고용노동부장관은 해당 사업주에게 시정명령을 할 수 있고(동법 제4조의7 제1항), 시정명령을 정당한 이유 없이 이행하지 아니한 사업주에게는 3천만 원 이하의 과태료를 부과하는 점(동법 제24조 제1항), 그리고 모집 · 채용에서 합리적인 이유 없이 연령을 이유로 차별한 사업주는 500만 원 이하의 벌금에 처하는 점(동법 제23조의3 제2항) 등을 먼저 설명한다. 그 후 이러한 규정들의 내용은 나이를 이유로 한 차별을 금지하여 헌법상 평등권을 실질적으로 구현하려는 고령자고용법의 입법 취지에 부합하는 것으로 고령자고용법 제4조의4 제1항은 강행규정에 해당한다고 판시한다. 따라서 단체협약 · 취업규칙 또는 근로계약 중 이에 반하는 내용이 있다면 무효이다.

이렇게 고령자고용법 제4조의4 제1항이 강행규정이라면 본 연구원과 노동조합이 합의한 성과연급제의 유 · 무효 여부는 그것이 연령을 근거로 합리적인 이유 없이 근로자를 차별하였는지를 살펴보아야 하고, 대법원은 당해 사건에서 그것을 긍정하였다.

2. 정년유지형 임금피크제의 합리적 이유 판단 기준

고령자고용법 제4조의4 제1항이 연령별로 임금 차등을 둔다고 해서 그것이 곧바로 연령차별이라 할 수 없다. 동 조항은 "합리적인 이유 없이" 연령을 이유로 임금과 임금 외의 금품 지급 및 복리후생에 차등을 두어서는 안 된다고 규정하기 때문이다. 따라서 연령별 임금 차등이 연령차별이 되기 위해서는 "합리적인 이유"가 없어야 한다. 해당 사안의 성과연급제, 즉 임금피크제 역시 나이를 이유로 임금 차등을 두는 것이 합리적인 이유가 있는지부터 따져보아야 한다.

대법원은 먼저 고령자고용법 제4조의4 제1항이 말하는 "합리적인 이유"가 무엇인지 법리부터 설시한다. 대법원은 "합리적인 이유가 없는" 경우란 "연령에 따라 근로자를 다르게 처우할 필요성이 인정되지 아니하거나 달리 처우하는 경우에도 그 방법 · 정도 등이 적정하지 아니한 경우"를 말한다고 한다. 그리고 정년유지형 임금피크제의 경우 이러한 합리적인 이유가 있는지 여부의 판단 기준을 제시하는데, ① 임금피크제 도입 목적의 타당성, ②

대상 근로자들이 입는 불이익의 정도, ③ 임금 삭감에 대한 대상조치의 도입 여부 및 그 적정성, ④ 임금피크제로 감액된 재원이 임금피크제 도입 본래의 목적을 위하여 사용되었는지 등의 여러 사정을 '종합적'으로 고려하여 판단한다고 판시한다.

대법원은 이러한 법리에 한국전자기술연구원의 사안을 다음과 같이 포섭한다. ① 본 성과연급제는 인건비 부담을 완화하고 실적 달성률을 높이기 위한 목적으로 도입되었으나 위와 같은 목적을 55세 이상 정규직 직원들만을 대상으로 한 임금 삭감 조치를 정당화할 만한 사유로 보기 어렵고, ② 성과연급제로 인하여 해당 직원들은 임금이 일시에 대폭 하락하는 불이익을 입었으나, ③ 직원들에게 그 불이익에 상응하는 대상조치가 강구되지 않았으며 성과연급제를 전후하여 해당 직원들에게 부여된 목표 수준이나 업무의 내용에 차이가 있었다고 보이지 않은 점 등을 종합적으로 고려하면, 위 성과연급제는 연령을 이유로 임금 분야에서 해당 근로자를 차별하는 것으로 차별에 "합리적인 이유"가 있다고 볼 수 없다고 판시한다. 즉, 연구원의 성과연급제는 고령자고용법 제4조의4 제1항 강행규정에 위반되어 무효가 된다.

대법원의 본 판결은 '정년유지형' 임금피크제라는 내용상 전제가 붙긴 하지만 공공기관을 중심으로 강요되던 임금피크제의 연령차별적 요소를 지적하여 그것이 무분별하게 시행되는 것에 제동을 걸었다는 점에서 의의가 있다. 또한 구체적으로 임금피크제 도입 목적의 타당성과, 근로자들이 입을 불이익 그리고 대상조치와의 비교형량, 감액된 재원의 활용 내용 등이라는 연령차별적 요소를 정당화할 합리적인 근거를 제시하여 향후 발생할 임금피크제에 관한 분쟁에서 판단 요소를 제시한 점도 중요한 내용이다.[60] 특히, 임금피크제가 가져올 근로조건의 저하를 직시함으로써 기존의 근로자들이 입을 피해를 보상(대상)할 무엇이 없다면 그것은 연령의 차등을 정당화할 수 없는 연령차별임을 명시적으로 논증한 것은 이후 '정년연장형' 임금피크제의 차별적 요소를 지적할 경우뿐만 아니라 다른 연령차별에 관한 쟁점에서도 유의미한 시사점을 줄 수 있다고 생각한다.

---

60) 최윤정, 「정년유지형 임금피크제가 연령차별로서 무효인지 여부」, 『사법』, 제61호, 사법발전재단, 2022, 606면.

제4절 정년연장형 임금피크제와 대상조치의 판단 기준

1. 정년연장 자체와 대상조치

정년연장은 그 자체가 이익이어서 정년연장형 임금피크제의 경우 근로자의 불이익이 없다는 견해 또는 정년연장이 곧 대상조치라는 견해가 하급심 판결에서 종종 발견된다. 예를 들어, 서울고등법원 2023. 2. 10. 선고 2022나2025019 판결은 "정년연장에 의한 추가적인 근로 기회 제공 및 그로 인한 임금 총액의 증가가 가장 중요한 대상조치에 해당한다"라고 판시하였다.[61] 대상조치로서 ① 근로 기회의 제공과 ② 임금 총액의 증가를 제시한 것인데 여기에 대해서는 다음과 같은 의문이 든다.

첫 번째 대상조치인 근로 기회의 제공은 제도적 측면과 비제도적 측면으로 나누어 살펴보아야 한다. 먼저 제도적 측면에서 고령자고용법 제19조(정년)는 법정 최소 정년을 60세로 규정하였다. 가령, 58세가 정년인 사업체에서 정년을 2년 연장하여 60세로 규정한 것은 사용자와 근로자 측의 합의가 아닌 강행규정에 의한 제도적 성격이다. 사용자는 법률을 준수하기 위해 원치 않더라도 사업체의 정년 규정을 상향해야 했다. 대상(代償) 조치를 양 당사자 사이에서 어떤 손해가 발생할 경우 그것에 갈음하여 일방이 다른 일방에게 이익을 부여하는 것으로 이해할 때, 즉 임금피크제에 따른 임금 삭감을 손해, 정년연장을 이익이라고 생각할 때 정년연장이라는 이익은 사용자가 주어야 하는 것이다. 그러나 위의 사례에서 볼 때는 정년연장은 법제도가 부여한 것이지 사용자가 이익으로 근로자에게 부여한 것이 아니다. 따라서 고령자고용법 제19조에 따른 법정 최소 정년연장은 대상조치라고 볼

61) 그 외 같은 취지의 판결례로는 서울중앙지방법원 2022. 6. 16. 선고 2019가합592028 판결, 부산지방법원 2022. 5. 12. 선고 2020가합49436 판결, 서울중앙지방법원 2024. 3. 26. 선고 2022가단5394284 판결, 서울남부지방법원 2024. 1. 30. 선고 2023가단207029 판결, 서울남부지방법원 2024. 3. 27. 선고 2023가합110139 판결 등.

수 없다.

이것과 파생하여 생각해 볼 수 있는 것은 그렇다면 법제도에 의한 정년연장이 아니라 사용자가 법정 최소 정년 이상으로 정년을 부여한 때(예를 들어, 58세에서 62세로, 또는 60세에서 62세로 정년을 연장한 경우)는 대상조치가 될 수 있는가이다. 이 경우는 사용자와 근로자 간의 합의에 따른 것으로 고령자고용법과는 상관없는 대상조치라고 할 수 있다. 이는 앞의 경우와는 달리 근로 기회의 비제도적 제공이다. 즉, 임금피크제에 따른 임금 삭감이라는 손해에 대해 사용자가 직접 그 손해를 메워주기 위해 조치를 취한 것이다. 따라서 대상조치가 되며 임금피크제 내 고령자 연령차별을 판단하는 주요한 지표로서 인정된다.

하급심 판결례를 보면, 대구지방법원 2023. 4. 27. 선고 2021가합205418 판결에서 법원은 "근로자의 정년이 연장된 것은 고령자고용법이 정년을 60세 이상으로 정할 것을 법적으로 의무화하였기 때문이고 피고의 취업규칙 개정으로 인해 비로소 정년이 60세로 연장되는 이익을 향유하게 된 것이 아닌 점"을 들어 종합적으로 검토하건대 정년연장형 임금피크제 도입을 취업규칙의 불이익 변경으로 보았다. 이 판결례는 법제도상의 정년연장이 직접적인 대상조치인지 여부는 따지지 않았지만, 그 정년연장이 사용자가 부여한 것이 아니라 법률이 부여한 것임을 강조한 것으로 임금피크제에 대한 보상이 될 수 없음을 시사한다.

두 번째 대상조치인 임금 총액의 증가를 살펴보면, 판결례는 임금피크제 대상 근로자가 연장된 근로기간 동안 받는 임금은 근로자가 제공한 노무의 대가라는 점을 무시한다. 즉, 일을 해서 받는 임금을 다른 손해에 대한 보상이라는 의미의 대상(代償) 조치라고는 할 수 없는 것이다. 대상조치는 근로자에게 발생한 손해를 사용자가 인사상 또는 경제적 이익으로 메워 주는 것을 말한다. 임금을 받을 기회가 늘어났다는 사실 자체, 즉 정년연장 자체가 대상조치가 되는가에 대해서는 제도적 측면과 비제도적 측면으로 나누어 위에서 살펴보았다. 그러나 임금의 총액이 늘어났다는 사실이 대상조치가 될 수 있는가는 의문이다. 임금이란 근로계약에 따라 근로자가 노무 제공을 함으로써 받는 반대급부로서 사용자의 계약상 의무이다. 따라서 임금의 총액이 늘어났다는 것은 사용자가 계약상 의무에 따라 이행한 것일 뿐이고,

이를 근로자의 손해를 메워주기 위해 사용자가 경제적으로 이익을 주는 것이라 볼 수는 없다.

앞의 대구지방법원 2023. 4. 27. 선고 2021가합205418 판결에서도 법원은 “정년에 관한 규정과 임금에 관한 규정 사이에 대가관계나 연관성이 있다고 단정하기 어려운 점” 그리고 임금피크제 적용 대상 근로자가 “2년간 동일한 직무로 더 근로를 하더라도 증가된 임금 총액은 50%에 불과한 점” 등을 감안하여 정년연장형 임금피크제를 취업규칙의 불이익 변경으로 판단하였는데, 이는 임금 총액의 증가가 적절한 대상조치가 되지 못했다고 판단한 전제라 생각한다.

2. 별도의 직무 배치 또는 업무강도 경감

정년유지형 임금피크제에 관한 2022. 5. 26. 선고의 대법원 판결(한국전자기술연구원 사건)은 성과연급제를 실시하는 당해 사안에서 임금피크제가 적용되는 근로자들의 업무 내용이 변경되지 않았다는 점을 연령차별에 합리적 이유가 없는 주요 근거 중 하나로 인정하였다. 즉, 임금이 깎였다면 그만큼 일도 기존보다 덜하여야 한다는 원칙을 제시한 것이다.

그러나 비록 본 판결이 설시되기 전의 하급심 판결이지만, 서울고등법원 2021. 12. 14. 선고 2019나2029394 판결은 임금피크제 적용 시 별도의 직무를 수행하도록 하는 방식이 근로자에게 오히려 불리하다는 점을 내세워 기존의 업무를 수행하는 것이 정당하다는 판시를 하였다. “별도 직군 방식을 채택하는 경우 상대적으로 전체 인건비가 증가하게 됨에 따라 임금피크제 적용 대상자들 외의 다른 근로자들에게 경제적 손실이 발생하거나, 기존 직군의 인력 감소에 따라 그들의 업무량이 증가될 수 있는 점, 또한 별도 직군으로 분류된 근로자들과 기존 직군 근로자들이 구분됨에 따라 심리적 위축 등으로 임금피크제 적용 대상자들 스스로도 이를 선호하지 않을 것으로 보이는 점 등의 의견이 제시되어, 피고와 피고 노동조합은 이와 같은 별도 직군 방식 채택 시의 이익과 불이익을 모두 고려하여 초임직급 방식을 선택한 것으로 보인다.”

본 사실관계에서 주목받는 점은 임금피크제 적용 대상자 스스로가 별도 직군을 원하지 않았다는 점과 기존의 업무를 수행하는 데 노동조합이 동의한 것이다. 임금피크제 당사자와 노동조합이 고령자고용법 제4조의4가 금지하고 있는 연령차별을 직접적으로 묵인 또는 합의한 것은 아니다. 당사자와 노동조합이 그러하였다고 하더라도 연령에 따른 차별금지를 규정하는 고령자고용법 제4조의4는 강행규정으로 당사자 또는 노동조합의 동의를 무효로 한다. 그러나 한편으로는 근로자가 기존의 직책 등을 누려 심리적 · 사회적 안정감을 찾는 것과 노사자치의 일환으로 그것에 노동조합이 동의한 것까지 무효로 하여야 하는가에 대한 반문이 있을 수 있다.

하지만 임금이 가지는 노동법제 내 중요성을 고려하면, 규범적 측면을 보호하기 위해 당사자 간의 합의와 노사 자치는 연령차별 금지라는 강행규정에 의해 뒤로 물러나야 한다. 즉, 당사자가 현재의 직책을 고수하여 임금피크제 전후로 어떠한 업무의 양도 달라지지 않는다면 이는 연령을 이유로 임금을 삭감한 것이기 때문에 명백한 연령차별이라 정당화하기 힘들다. 차별을 근로자 개인이 감수한다고 해서 묵인하는 것은 전체 법질서에 위반된다.

다만, 근로자의 의사를 존중하여 대상조치에 따른 업무의 변동은 그 '양'과 '강도'에 집중하여야 하지, '직급'에 맞추어서는 안 된다. 즉, 직책이 바뀌어 일정한 업무상 책임에서 벗어나는 것과는 별도로 직급 또는 직위가 강등되는 것은 신중해야 한다.[62] 직급 또는 직위를 유지하면서 업무의 내용은 다르게 할 수 있다. 따라서 근로자의 심리적 · 사회적 안정감과 자존감을 위해서는 직급 또는 직위가 강등되는 것은 근로자와의 충분한 협의나 다른 정당한 이유가 없다면 무효라고 생각한다. 일례로 임금피크제 대상이라는 이유로 충분한 검토나 협의 없이 근로자를 하급직으로 옮긴 것은 '부당전직'이라는 중앙노동위원회의 판단이 나왔다.[63]

---

62) 「근로기준법」 제23조 제1항에 따라 징계로서의 정당성 요건을 살펴보는 것은 차치한다.

63) 연합뉴스 "임금피크제 이유로 3급 직원을 6급 자리로... 중노위 '부당전직'", 2024. 5. 9.자 기사. 해당 사안에서 사용자 측은 임금 삭감에 따라 주 2시간의 근로시간 단축을 위해 보직을 변경한 것으로 하였으나, 중앙노동위원회는 사용자가 전직 이외의 대안을 충분히 검토하지 않았으며, 옮긴 보직이 대규모 도서관에서 소규모 도서관으로 장소 변경이 되었더라도 업무량이 적다고 보기 힘들어 부당전직이라고 판단하였다. 또한 3급에서 6급으로 전직된 것은 경력관리 측면에서 불이익이고 그 과정에서 근로자와의 협의도 부족하였다고 중앙노동위

제5절 임금피크제와 동일가치노동 동일임금 원칙의 관계

1. 임금피크제와 동일가치노동 동일임금 원칙 위반 여부

임금피크제가 연령차별뿐만 아니라 동일가치노동 동일임금 원칙의 위반으로 볼 수 있다는 주장이 있다. 주로 임금피크제의 무효를 주장하는 근로자 측이 법정에서 주장하는 것으로 아직 이를 전면으로 받아들인 하급심 판결례는 보이지 않는다.[64] 대표적인 판결례로 '국민건강보험공단 사건'에서[65] 원고인 근로자 측은 동일한 보직에서 동일한 강도의 업무를 하고 있지만, 임금피크제로 임금을 삭감하는 것은 고령자고용법상 연령차별금지 외에도 남녀고용평등법상 동일가치노동 동일임금 원칙에 위반되므로 사안의 임금피크제에 대한 노사 합의는 무효이고, 합의된 내용의 임금피크제 역시 무효라고 주장하였다.

제1심 법원은[66] 남녀고용평등법상의 동일가치노동 동일임금 원칙은 "헌법 제11조 제1항의 평등원칙을 근로관계에서 실질적으로 실현하기 위한 것인데(대법원 2019. 3. 14. 선고 2015두46321 판결 참조), 이러한 평등권은 공공복리를 위하여 필요한 경우 법률로써 제한될 수 있다(헌법 제37조 제2항)"라고 한다. 그리고 "이 사건 임금피크제가 고령고용법 제4조의5 제4호 및 제19조의2 제1항에 따른 조치인 이상, 원고들이 이 사건 임금피크제 시

원회는 지적하였다.

64) 서울중앙지방법원 2019. 6. 5. 선고 2017가합37374 판결, 서울고등법원 2021. 12. 4. 선고 2020나2037759 판결, 서울남부지방법원 2024. 1. 30. 선고 2023가단 207029 판결 등. 다만 주의할 점은 임금피크제를 전후로 동일한 업무를 하는 사례와 업무의 '양'과 '강도'가 약해진 상태에서 동일한 업무를 하는 근로자와의 임금을 비교하는 사례가 혼재되어 있다.

65) 서울중앙지방법원 2019. 6. 5. 선고 2017가합37374 판결, 항소심은 서울고등법원 2021. 12. 14. 선고 2019나2029394 판결, 대법원 2022. 5. 12. 선고 2022다206841 판결에서 심리불속행 기각으로 사건이 종료됨. 신혜림, 「고용상 연령차별금지법 제19조에 따른 임금피크제의 효력 판단 논증 구조 및 기준에 관한 소고」, 『노동법연구』, 제54호, 서울대노동법연구회, 2023, 271면.

66) 서울중앙지방법원 2019. 6. 5. 선고 2017가합37374 판결.

행 이전과 동일한 보직에서 동일한 강도의 업무를 수행하고 있더라도, 이 사건 임금피크제가 동일가치노동 동일임금 원칙을 위반하여 무효라거나 원고들의 평등권을 침해하였다고 평가할 수는 없다"라고 판시하였다. 즉, 법률이 정하고 있는 평등권의 예외 조항이라는 것이다. 따라서 "형식적으로만 보았을 때 이 사건 임금피크제가 동일가치노동 동일임금 원칙에 다소 위배되는 측면이 있더라도, 앞서 본 임금피크제의 도입 배경 및 경과, 고령자고용법이나 고용보험법 시행령[67] 등 관련 법령의 전체적인 내용 등을 종합하여 볼 때, 위와 같은 사정만으로 이 사건 임금피크제가 무효라고 볼 것은 아니다"라고 하였다.

제2심 법원은[68] 제1심의 평등권 침해가 아니라는 판시 사항에 덧붙여 동일가치노동 동일임금 원칙을 다음과 같이 해석한다. 요점은 비교대상이 없으므로 임금피크제의 임금 삭감은 동일가치노동 동일임금 원칙에 위반되지 않는다는 것이다. 제2심 법원은 "남녀고용평등법 제8조에서 정하고 있는 '동일 가치 노동 동일 임금 원칙'이라 함은 앞서 본 바와 같이 근로자의 학력·경력·근속연수 등 근로자 개인의 개별적인 요소들뿐만 아니라 근로 제공의 시점과 상황 등 모든 요소를 고려하여 그 가치가 같다고 인정되는 노동에 대하여는 같은 임금을 지급하여야 한다는 것이지(즉 같은 시기에 같은 근로환경에서 같은 내용의 근로를 제공하는 서로 다른 근로자나 근로집단 사이에서 임금의 차별이 있어서는 안 된다는 취지이다), 근로 제공의 시기나 주변 여건의 변화 등을 전혀 고려하지 않은 채 오직 제공되는 근로의 내용이나 제공하는 근로자가 동일하다면 기존의 임금이 계속 보장되어야 한다는 의미가 아니다. 이 사건 임금피크제 시행 전에 제공된 원고들의 근로와 시행 후에 제공되는 원고들의 근로는 그 근로 제공의 시기가 다를 뿐만 아니라, '60세 정년 법정 의무화'라는 근로환경이 서로 다른 상황에서 이루어지는 것이어서 동일 가치 노동 동일 임금 원칙이 적용되어야 할 비교대상에 해당하지 않는다(원고들의 주장대로라면, 근로 내용의 차이가 전혀 없음에도 매년 임금이 인상되는 것이나 회사의 경영 실적에 따라 임금이 변동되는 것도 모두 동일가치노동 동일임금 원칙 위반이라는 것이어서, 이러한 주장

67) 임금피크제 보전임금 지원에 관한 내용이다.
68) 서울고등법원 2021. 12. 14. 선고 2019나2029394 판결.

은 받아들일 수 없다)"라고 판시한다.

2. 동일가치노동 동일임금 원칙의 인적 판단 기준

위 고등법원이 임금피크제가 동일가치노동 동일임금 원칙 위배가 아니라고 판시한 근거를 요약하면, 임금피크제 적용 근로자의 비교대상이 없으므로 임금의 변동을 다른 이와의 차별이라고 볼 수 없다는 것이다. 그러나 고등법원은 동일가치노동 동일임금 원칙을 차별금지의 시각에서만 바라본 우를 범했다. 차별은 특정 대상과 비교하여 합리적인 이유 없이 차등을 두는 것이기 때문에 비교대상이 필요하지만, 동일가치노동 동일임금 원칙은 타인과의 비교가 없이도 동일한 근로자를 대상으로도 판단할 수 있다.

고등법원은 '같은 시기'를 고정하고 임금피크제 적용 근로자와 비교할 수 있는 근로자를 찾지만, 대법원 판결은[69] 이른바 '국립대 시간강사 사건'에서 '동일가치노동'의 의미를 "당해 사업장 내의 서로 비교되는 노동이 동일하거나 실질적으로 거의 같은 성질의 노동 또는 직무가 다소 다르더라도 객관적인 직무평가 등에 의하여 본질적으로 동일한 가치가 있다고 인정되는 노동에 해당하는 것을 말하고, 동일 가치의 노동인지는 직무 수행에서 요구되는 기술, 노력, 책임 및 작업조건을 비롯하여 근로자의 학력 · 경력 · 근속연수 등의 기준을 종합적으로 고려하여 판단하여야 한다"라고 하여 '같은 시기'에 '다른 사람'임을 굳이 고정하지 않는다. 대법원은 동일가치노동 동일임금 원칙의 핵심에 대해 "근로계약상의 근로 내용과는 무관한 다른 사정을 이유로 근로자에 대하여 불합리한 차별 대우를 해서는 아니" 되는 것으로 밝힌다.

따라서 대법원의 판시를 기초로 하여 동일가치노동 동일임금 원칙의 인적 판단 기준에 동일인도 포함된다고 볼 때, 임금피크제 실행을 전후로 해당 근로자의 업무의 양과 강도가 달라지지 않았음에도 불구하고 임금의 격차를 둔다면 이는 동일가치노동임에도 불구하고 임금에 차별을 두는 것이라 할 수 있다. 동일가치노동 동일임금 원칙에서 비교대상의 존재를 전제로 보

---

69) 대법원 2019. 3. 14. 선고 2015두46321 판결.

는 이유는 그것이 남녀고용평등법 제8조 제1항이라는[70] 실정법에 규정되어 있기 때문이다. '남녀' 간의 고용과 근로조건에서의 평등한 기회와 대우를 보장하는 것이 동법의 목적인 만큼 동일가치노동 동일임금 원칙 또한 남녀 간이라는 비교대상을 전제한다.

그러나 동일가치노동 동일임금이 '남녀' 간이라는 비교대상에 국한한다는 것은 헌법상 평등 조항(제11조)의 취지와 국제조약으로서 국내법적 효력을 갖고 있는 '사회권 규약'의 해석에 어긋나는 것이라 생각한다. 먼저 동일가치노동 동일임금 원칙이 "임금 성차별 금지 규범에 그치지 않고 헌법에 기반한 일반적 균등대우원칙이나 「근로기준법」상 균등대우원칙 조항(제6조)의 내용이 될 수" 있는지가 쟁점인데,[71] 대법원은 위의 '국립대 시간강사 사건'에서[72] 전업 시간강사와 비전업 시간강사 간의 강사료 차등에 대해 동일가치노동 동일임금 원칙에 비추어 합리적인 이유가 없음을 이유로 이것이 무효라고 판시하였다. 이는 「기간제 및 단시간근로자 보호에 관한 법률」과 같이 차별금지 규정이 있는 경우가 아니라면 동일가치노동 동일임금 원칙을 일반적인 법원리로서 적용할 수 있음을 판시한 것이다. 또한, 제2장에서 살펴본 바와 같이 동일가치노동 동일임금을 규정하고 있는 체결 · 공포된 국제조약 또는 일반적으로 승인된 국제법규는 국내법적 효력을 갖고 있다(헌법 제6조 제1항). 특히 그 내용이 구체적이고 명확한 사회권 규약의 경우 재판규범성 또한 인정될 수 있다.

따라서 동일가치노동 동일임금 원칙이 남녀고용평등법과는 별개로 일반적인 법원칙으로서 존재한다면, 그것의 내용 역시 남녀고용평등법의 해석과는 다르게 이루어져야 한다. 남녀고용평등법이 '남녀' 간이라는 인적 비교대상을 구분한다면, 동일가치노동 동일임금 원칙은 헌법상의 평등 조항이나 사회권 규약의 내용에서 그 비교대상을 찾아보아야 하는데 이 중 어디에도 '같은 시기'에 '다른 사람'을 전제로 하지 않는다. 그러므로 동일가치노동 동일임금 원칙은 '다른 시기'에 '같은 사람'을 기준으로도 그 차등의 합리적

---

70) 제8조(임금) ① 사업주는 동일한 사업 내의 동일 가치 노동에 대하여는 동일한 임금을 지급하여야 한다.

71) 구미영, 「동일가치노동 동일임금의 판단기준」, 『노동법학』, 제85호, 한국노동법학회, 2023. 3., 147면.

72) 대법원 2019. 3. 14. 선고 2015두46321 판결.

인 이유 여부를 찾아야 할 것이다. 위의 고등법원이 내세운 실적이나 경영 상황에 따라 임금이 달라지는 것은 이러한 차등에 합리적인 이유가 있어 동일가치노동 동일임금 원칙에 어긋나지 않는 것으로 보아야 한다.

제6절 소 결

본 장은 정년제가 현행 법률상 유효하다는 전제 아래 정년연장형 또는 정년유지형 임금피크제가 연령차별은 아닌지를 살펴보았다. 대법원은 '한국전자기술연구원' 사건에서[73] ① 임금피크제 도입 목적의 타당성, ② 대상 근로자들이 입는 불이익의 정도, ③ 임금 삭감에 대한 대상조치의 여부 및 적정성, ④ 임금피크제로 감액된 재원이 제도 본래의 목적에 사용되었는지 등의 여러 사정을 종합적으로 고려한다는 판단 기준을 제시하였다. 해당 사건에서는 '정년유지형' 임금피크제의 경우로서 대법원은 근로자들이 임금 삭감이 큰 정도에 비해서 아무런 대상조치가 이루어지지 않았다는 점을 들어 노사 간의 합의로 결정된 임금피크제가 연령차별로 무효임을 판시하였다. 이러한 판결 내용은 임금피크제의 합법성을 인정하면서 그것으로 인한 근로자들의 불이익이 대상조치와 비교형량 해보더라도 불합리하게 크다면 연령차별로 부정하는 중도적 입장을 취하였다고 생각된다.

'한국전자기술연구원' 사건에서 제시한 대법원의 임금피크제의 연령차별 판단 네 가지 기준은 '정년연장형' 임금피크제의 사안에서도 하급심이 준용하고 있다. 이때 다수의 하급심이 정년연장 자체를 임금 삭감에 대한 가장 중요한 대상조치로 보아 임금피크제가 연령차별이 아니라는 근거로 삼고 있다. 그러나 정년연장을 법으로 강제하는 제도적 측면과 노사 간 합의로 연장하는 비제도적 측면으로 나누어 보아, 제도적 측면은 사용자가 직접 한 조치가 아니기 때문에 대상조치라고 볼 수 없다고 생각한다. 따라서 이를 제외하고 별도의 대상조치를 검토하여야 한다. 다만, 노사 간 합의로 이루어진

73) 대법원 2022. 5. 26. 선고 2017다292343 판결.

비제도적 정년연장은 대상조치라 생각된다.

하급심은 전체적인 임금 총액이 늘어났다는 것도 대상조치라 판단하는데, 이는 정년연장이 대상조치인지 여부와 관련된 것으로 임금의 증가 자체는 동일한 기간에 대한 임금 증액이 아니라 더 늘어난 근로기간 동안 근로자 자신이 일해서 받은 계약상의 급부인 만큼 사용자가 임금 삭감으로 인한 손해를 메워주는 대상조치라 볼 수 없다.

또한, 대법원은 임금피크제로 인해 임금이 삭감될 경우 그에 맞는 업무 경감이 이루어져야 함을 판시하였다. 그러나 하급심 중에는 임금피크제 적용 근로자가 스스로 원하고 노사 간 합의로 기존의 직군을 유지하는 것에 대해서 정당하다는 판시를 내린 바가 있다. 생각건대, 임금에서의 연령차별 금지가 강행규정이라는 점을 생각하면 근로자 개인 또는 노사의 합의라도 차별을 묵인할 수 없어 이러한 합의는 무효라고 할 것이다. 다만, 직책과 직위(직급)를 나누어 생각해 볼 수는 있다. 임금 삭감 후 동일한 업무의 강도와 양, 책임이 뒤따르는 직책을 유지하는 것은 차별이지만, 형식상의 직위(직급)를 유지하는 것은 차별이 아니라 판단된다.

동일가치노동 동일임금 원칙은 남녀고용평등법에서 명문으로 규정되어 있지만, 우리 대법원은 '국립대 시간강사 사건'에서 이것이 헌법상의 평등조항에 기반하여 균등대우를 심사하는 일반 원칙이 될 수 있음을 판시하였다. 그리고 여러 국제 규범 중 특히 사회권 규약은 헌법 제6조 제1항에 따라 국내법적 효력을 가지는 것으로, 사회권 규약이 규정하고 있는 동일가치노동 동일임금 원칙은 개별 법률에서 그 원칙이 규정되어 있지 않은 사안에도 적용될 수 있다고 생각한다. 일반 규범으로서의 동일가치노동 동일임금 원칙의 비교대상으로 '같은 시기'와 '다른 사람'을 특정하지 않으므로, 동일인이더라도 '다른 시기'에 합리적인 이유 없이 임금이 삭감된다면 원칙이 적용되어 그 정당성을 심사할 수 있다.

제 4 장
정년 후 재고용과 연령차별

제1절 서 론

지난해 발표된 통계청의 조사 결과에 따르면, 2021년 기준 우리나라 65세 이상 고용률은 34.9%로, OECD 회원국 중에서도 가장 높다.[74] 이는 전년도보다 0.8%p가 상승한 것으로, 인구 고령화가 급속히 심화되면서 향후에도 고령 근로자의 증가 추세는 계속될 것으로 예상된다. 과거에는 정년을 도과하면 퇴직하는 것이 당연한 수순이었으나, 이제는 정년 후에도 경제생활을 지속하고자 계속 근로를 희망하는 고령 근로자 수가 점차 늘어나고 있고, 기업의 입장에서는 숙련자 구인이 쉽지 않다는 점에서 정년퇴직자의 재고용이 필요하다. 그러다 보니 정년 도달과 함께 근로관계가 자동 종료되는 것이 원칙임에도 근로자의 사정 또는 기업의 편의에 따라 정년퇴직한 고령 근로자를 대상으로 기간의 정함이 있는 근로계약을 체결하는 '정년 후 재고용'이 꾸준히 증가하고 있으며, 관련 법적 문제도 이전에 비해 늘어나고 있다.

실무상 '촉탁직', 또는 '촉탁계약직'으로 불리는 정년 후 재고용은 정년의 도과와 함께 근로계약이 종료된 이후에 새로운 기간제 근로계약을 체결하는데, 일반적으로 정년 전과 업무 내용이 거의 비슷함에도 대부분 이전보다

74) 통계청, 「2023년 고령자 통계」, 2023.

임금이 감액되는 등 근로조건 저하가 이뤄진다. 이처럼 정년 후 재고용 시 이전보다 불리한 조건으로 근로계약 체결이 가능한 이유는 현행「고용상 연령차별금지 및 고령자고용촉진에 관한 법률(이하 '고령자고용법'이라 함)」 제21조에서 찾을 수 있다. 동조 제2항에 따르면, 사업주는 정년퇴직자인 고령 근로자를 재고용하는 경우, 당사자 간의 합의에 따라 퇴직금과 연차유급 휴가일수 계산을 위한 계속근로기간 산정 시 종전의 근로기간을 제외할 수 있으며, 임금의 결정을 종전과 달리할 수 있다고 정하고 있다. 이와 같은 조치는 호봉제 등 연공서열식 임금체계에 따라 발생하는 기업의 인건비 부담을 줄여 – 동법 제1조 입법목적에서도 밝히고 있듯이 – 고령 근로자의 고용을 촉진 및 안정시키기 위함일 것이다.

그러나 동일한 가치의 노동을 수행하는 근로자에게는 동일한 임금을 지급해야 한다는 동일가치노동 동일임금 원칙과 합리적인 이유 없는 불리한 처우 금지의 관점에서 해당 사안을 바라보았을 때, 재고용 후 퇴직 전과 동일한 업무를 수행함에도 '고령'임을 이유로 근로조건의 수준 저하가 이뤄지는 것이 연령차별에 해당하지는 않는지, 기간제근로자로서 동일한 업무를 수행하는 다른 근로자보다 낮은 임금을 받는 것이「기간제 및 단시간근로자 보호 등에 관한 법률(이하 '기간제법'이라 함)」의 '차별적 처우'에 해당하는 것은 아닌지 문제가 될 수 있다.

정년 후 재고용 시 이전보다 낮은 수준의 근로조건으로 기간제 근로계약을 체결하는 것에 관하여 우리나라 법원은 정년 이후 고령 근로자에 대한 불리한 처우를 직무 수행 능력에 영향을 주는 개인적 특성이 고려되었다고 판단하거나, 고령자고용법 제4조의5에서 정하고 있는 연령차별금지 예외사유 중 '고령자고용법이나 다른 법률에 따라 특정 연령집단의 고용유지 · 촉진을 위한 지원조치를 하는 경우'에 해당하는 것으로 인정하는 등 차별에 해당하지 않는 것으로 보는 것이 일반적이다. 이 글에서는 정년 후 재고용과 차별에 관한 법원의 판단을 구체적으로 살펴보고, 그 타당성에 관하여 검토해 보고자 한다.

제2절 정년 후 재고용 시 근로조건 차별에 관한 법적 판단

정년퇴직 이후 고령 근로자가 재고용을 위하여 사용자와 새로운 근로계약을 체결할 때 이전과 비교하여 겪게 되는 가장 큰 근로조건의 변화는 낮아진 임금일 것이다. 지금까지 나이가 들면 신체 능력 저하에 따라 노동생산성이 낮아질 것이라는 사회적 고정관념과 함께 재고용 시 고령 근로자에 대한 임금 감소는 당연하게 받아들여지며, 크게 문제가 되지 않았다. 또한, 고령자의 상당수가 고용불안을 겪는 배경 아래, 고령 근로자의 재고용과 관련된 법적 쟁점은 주로 정년퇴직을 앞둔 근로자가 사용자에 대하여 재고용을 요구할 수 있는 권리가 있는지, 정년퇴직자를 재고용한 경우에 기간만료 이후에도 계약 갱신에 대한 권리가 인정되는지 등 주로 '갱신 기대권' 문제가 대부분이었다. 그러다 보니 정년퇴직자의 재고용 시 발생하는 근로조건 저하에 관해서는 거의 문제 제기가 이뤄지지 않아 기간제 촉탁직 근로자에 대한 차별적 처우가 문제된 판례가 아직 많지는 않지만, 지금까지의 판례 내용을 구체적으로 살펴보며 그 내용을 검토해 보고자 한다.

1. 관련 판례 내용

가. 환경미화원 촉탁직 차별 사건(서울행정법원 2013.3.21. 선고 2012구합30738 판결)

부천시청과 부천시청 노동조합이 체결한 단체협약에는 정년퇴직한 조합원이 재고용을 희망하는 경우, 신상과 성실성을 종합적으로 판단하여 1년간 재고용할 수 있으며, 이때 퇴직금 산정을 위한 임금 및 근로조건에 관한 사항은 시청의 방침에 따른다고 규정되어 있었다. 노동조합은 2010년 정년이 도래하는 환경미화원 19명 중 재고용을 희망하는 18명의 명단을 통보하였고, 시청은 18명의 환경미화원과 아래와 같은 내용의 촉탁직 근로계약을 체결하였다.

임금	연봉제(연봉총액: 30,688,420원) 상기 연봉총액에는 기본급, 상여금, 퇴직급여충당금, 각종 보험료, 법정 제수당(연장근로 · 야간근로 · 휴일근로수당 및 연차수당 등)이 포함되어 있는 총근로시간에 대한 포괄임금임
근로시간	1일 8시간의 기본 근로와 시간외근로를 행함 (오전 05:00~09:00(4시간), 오후 13:00~17:00)
휴게시간 및 휴일	이 사건 단체협약에 따름
근로계약 기간	2011.01.01. ~ 2011.12.31. (12개월) 촉탁 계약기간은 1년으로 하며, 본 계약기간의 만료와 동시에 당연히 종료(퇴사)됨을 확인하고, 일체의 이의를 제기하지 아니함

촉탁직 근로계약을 체결한 18명에 포함된 원고들은 같은 시기에 기간의 정함이 없는 근로계약을 체결한 근로자 A와 동일한 업무를 수행함에도 30% 가량 적은 임금을 받아 부당한 차별이라고 주장하며, 경기지방노동위원회에 차별시정 신청을 하였다. 이에 경기지방노동위원회는 맞춤형 복지제도에 관한 부분은 기간제법 제2조 제3호 소정의 차별금지 영역인 '임금 그 밖의 근로조건'에 해당하지 않는다고 보아 이 부분 신청은 각하하였고, 나머지 신청 부분에 대하여 불리한 처우가 있었지만 합리적 이유가 있다고 보아 신청을 기각하였다. 재심 판정에서 중앙노동위원회는 맞춤형 복지제도도 '임금 그 밖의 근로조건'에 해당한다고 보았지만, 불리한 처우에 합리적인 이유가 있다고 판단하며 재심 신청을 기각하였다.

이에 불복하여 제기된 차별시정재심판정취소 판단에서 행정법원은 원고들의 근로계약 기간인 2011년 당시 기간의 정함이 있는 근로계약을 체결한 근로자 A를 비교대상 근로자에 해당한다고 보았다. 원고인 촉탁직 근로자들과 같은 기간에 동일한 환경미화 업무를 수행한 근로자 A는 한 해 동안 명절휴가비 및 정근수당을 포함한 임금 36,304,830원과 휴일근무수당, 연장근로수당, 야간수당 및 연가보상비 등(약 1,100만 원)을 받았다.

법원은 1년의 촉탁직 근로계약을 체결한 원고들이 비교대상 근로자 A와 동일한 사업장에서 동종의 업무인 환경미화 업무를 수행하였음에도 더 적은 임금을 지급하고, 각종 수당을 지급하지 않은 것은 불리한 처우라고 인정하였다. 다만, 촉탁직 근로자인 원고들을 달리 처우할 필요성이 인정되고, 그 방법 및 정도 역시 적정한 것으로 보여 그 불리한 처우에 합리적인 이유가 있는 것으로 판단되므로 기간제법 제8조 제1항, 제2조 제3호 소정의 '차별적 처우'에는 해당하지 않는다고 판시하였다.

1) 차별적 처우의 합리적 이유 존부

법원은 ① 정년이 이미 도과한 고령 근로자들은 원칙적으로 소속 근로자로서 근로를 제공할 수 없는 지위에 있지만, 이 사건 노사 합의에 의하여 촉탁근로계약을 체결함으로써 1년 더 근로를 제공할 수 있는 기회를 얻게 되었다는 점, ② 고령자고용법 제21조에서 사업주에게 정년퇴직한 근로자를 재고용하도록 노력할 의무를 부과하면서 당사자 합의에 따라 정년퇴직 전과 다른 수준의 임금을 지급할 수 있도록 한 것은 정년퇴직자와 촉탁직 근로계약을 체결할 유인을 제공하여 고령자의 고용을 실질적으로 촉진하기 위한 점을 언급하며, 원고들이 기본급, 상여금, 법정 제수당을 포함하는 연봉총액을 12개월에 나누어 포괄임금으로 지급하는 것에 합의하였고, 해당 금액이 정년퇴직 전 받던 임금 내지 비교대상 근로자 A가 받은 임금에 비하여 적지만 이와 같은 불리한 처우는 단체협약 및 노사 합의, 고령자 고용촉진법 제21조에 근거를 둔 것으로 '합리적 이유'가 있다고 판단하였다.

2) 방법 · 정도의 적정성

원고들 이전에는 촉탁직 근로계약을 체결한 적이 없고 정년 후 재고용에 관한 노조의 요청을 받아들이되, 민간위탁 연구용역 결과에 따른 위탁비용 총괄 금액 범위 내에서 임금을 지급하기로 합의를 도출한 점, 합의에 기반하여 근로계약을 체결하고 그에 따른 임금을 지급한 점 등 근로계약의 체결 경위와 임금 그 밖의 근로조건 등 결정 요소들을 고려하더라도 원고들에게 지급한 임금이 적정한 수준을 벗어난 것이 아니라고 판단하였다.

나. 지방공기업 촉탁직 차별 사건(서울행정법원 2023.3.30. 선고 2021구합4755 판결)

서울시 공공자전거 '따릉이'를 관리하는 서울시 산하 서울시설공단 일용계약직과 만 60세 이후 기간제로 근무하는 촉탁직 근로자 간 수당과 복지를 차등 제공한 것이 차별인지에 관해 쟁점이 된 사안으로, 이 글에서는 촉탁직 근로자 부분만 검토하고자 한다. 이 사안에서 일반직 근로자에게는 보수규정에 따라 성과급, 복지포인트, 효도휴가비, 가족수당, 장기근속수당 등이 모두 지급되었지만, 촉탁직 근로자에게는 수당을 지급하지 않거나 차등 지급되었다.

이에 근로자들은 서울지방노동위원회(이하 '서울지노위'라 함)에 차별시정을 신청하였고, 서울지노위는 촉탁직 근로자에 대한 성과급 차등 지급과 복지포인트 및 가족수당 미지급은 차별적 처우라고 판단하였다. 이후 재심에서 중앙노동위원회는 효도휴가비를 비교대상 근로자들에 비해 불리하게 지급한 것 또한 차별적 처우라며 추가 판단하였다. 이에 불복한 서울시설공단은 중앙노동위원회를 상대로 차별시정 재심판정취소 소송을 제기하였고, 해당 사안은 현재 항소심이 진행 중이다.[75] 구체적인 판단 내용은 다음과 같다.

1) 비교대상 근로자

법원은 정년 60세를 초과한 촉탁직 근로자를 일반직 근로자와 비교하는 것은 부적절하다는 공단의 주장에 대하여, 양자 간 업무 내용이 사실상 동일하고 업무 범위와 수행 방법, 작업조건, 난이도, 책임감 등 아무런 차이가 없는 이상 일반직 근로자를 촉탁직 근로자의 비교대상 근로자로 보는 것은 타당하다고 판단하였다.

2) 불리한 처우의 판단 기준

이 사안에서 법원은 불리한 처우를 판단할 때, 수당의 지급 근거 및 방식

75) 서울고등법원 2023누41170 사건.

에 따라 나누어 판단해야 한다고 보았다. 우선 기본급과 급식비, 교통비, 처우개선비, 보전수당은 소정근로 제공 대가로 매월 지급된다는 점, 임금인상 소급분은 임금인상 결정 지연에 따라 연말에 일괄 지급되었지만 실제로는 매월 지급되었어야 하는 기본급에 해당한다는 점, 복지포인트는 통상임금으로 분류되어 처우개선비 산정 근거가 된 점 등을 근거로 기본급, 급식비, 교통비, 처우개선비, 보전수당에 임금인상 소급분 및 복지포인트를 포함시켜 하나의 범주('범주화 항목'이라 함)로 묶어 비교하였다. 반면에 '효도휴가비'는 설과 추석, 특정 시기에 지급되고 복리후생적 성격을 겸하고 있는 점, '가족수당'은 부양가족 유무에 따라 지급되는 점, '성과급'은 전년도 경영실적 평가에 따라 개인별 근무성적평가 및 부서평가 결과가 반영되어 지급되는 점을 고려하면, 앞서 범주화 항목과는 관련성이 낮아 별도의 세부 항목으로 불리한 처우를 판단하는 것이 타당하다고 판단하였다.

3) 불리한 처우의 여부

불리한 처우가 있는지에 관하여 법원은 수당별로 판단하였으며, 촉탁직 근로자에 대한 성과급과 효도휴가비, 가족수당에 관한 차등 지급은 차별적 처우라고 판단하였다. '성과급'의 경우, 일반직 근로자들과 촉탁직 근로자들 간 다른 산정 방식을 적용하여 촉탁직 근로자들에게 2~5배가량 낮은 액수가 지급되었고, '효도휴가비'의 경우에도 기본급의 50%에 해당하는 액수가 지급된 일반직 근로자들과는 달리, 촉탁직 근로자들에게는 명절에 20만 원씩 지급된 점을 들어 불리한 처우가 존재한다고 판단하였다. 또한, '가족수당'은 부양가족이 있으면 지급조건이 충족되기 때문에 부양가족이 있음에도 촉탁직 근로자에게 가족수당이 아예 지급되지 않은 것은 불리한 처우라고 보았다.

4) 차별적 처우의 합리적 이유 존부

법원은 고령자고용법 제21조 제2항의 입법목적을 "사용자로 하여금 정년이 도과한 근로자들과는 임금의 결정을 종전과 달리하여 근로계약을 체결할 수 있는 길을 열어줌으로써 사용자에게는 비용 절감의 효과를 안겨주고 상대적으로 육체적 노동의 효율성이 떨어지는 고령 근로자들에게는 생계유지와 노후 활동을 위한 새로운 고용 기회를 창출해주고 있"다고 설명하였다. 해당 조항의 취지와 고용상 연령차별을 금지하여 헌법상 평등권을 실질적으로 구현하고자 하는 고령자고용법의 입법목적, 동일한 사업 내 동일 가치 노동에 대해 동일 임금이 지급되어야 한다는 헌법과 노동관계 법령의 기본 원칙, 정년이 도과한 고령 근로자들은 노동시장에서 협상력이 떨어지는 약자인 점 등을 고려한다면, 사용자가 정년이 도과한 근로자들과 근로계약 체결 시 근로자들의 노동이 제공하는 가치에 비하여 그 방법이나 근로자들이 입는 불이익의 정도 등이 적정하지 아니한 수준으로 임금이 결정된다면 이는 연령 및 기간제임을 이유로 하는 차별로, 합리적 이유 없는 불리한 처우라고 보았다.

법원은 촉탁직 근로자들과 일반직 근로자들의 업무수행 내용이 사실상 동일하며, 구분 없이 근무하였던 점은 상대적으로 고령이었던 촉탁직 근로자들의 성과가 일반직 근로자들의 성과와 유의미한 차이가 있었을 것으로 보이지 않는다고 판단하였다. 이를 바탕으로, 전년도 업적 및 성과에 대한 개인 및 부서별 평가에 따라 지급되는 '성과급'과 명절 상여에 해당하는 '효도휴가비'는 실질적 업무수행의 대가로서 후불적 임금 성격도 포함된다는 점을 고려하여 촉탁직 · 일반직 근로자 간 비슷한 수준에서 결정되어야 하는 것이 타당하다고 판단하였다. 또한, 일정한 요건하에 일률적으로 지급된 '가족수당'도 근로의 대가로서 임금의 속성을 가지고 있으므로, 동일한 업무를 제공한 촉탁직 근로자들에게도 동일가치 근로에 대한 대가적 성격의 가족수당이 지급되어야 한다고 판시하였다.

고령자고용법 제21조 제2항에 따라 촉탁직 근로자들과 임금을 다시 결정하였지만, 일반 근로자와의 임금 차이가 합리적인 수준으로 인정하기 어렵다고 보았다. 재고용 시 8급 1호봉에 준하는 수준으로 다시 임금을 산정한 것은 고령자고용법의 입법취지를 반영한 것이고, 성과급과 효도휴가비도 그 호봉에 연동되는 것으로 어느 정도 차이는 기본적으로 인정되나, 이 사안에서와 같은 비교대상 근로자와의 현저한 차이는 통상적인 허용범위를 벗어났다고 판단하였다.

2. 법적 판단 검토

위에서 살펴본 두 판결('환경미화원 촉탁직 차별 사건'과 '지방공기업 촉탁직 차별 사건')은 정년퇴직 후 재고용된 근로자와 연령이 다르지만 같은 시기에 동일한 업무를 수행한 근로자를 비교대상 근로자로 인정하고 있다.

'환경미화원 촉탁직 차별 사건'에서도 볼 수 있듯이, 여타 기간제근로자 등과 무기계약 근로자 간의 비교보다도 정년 후 재고용된 근로자와 비교대상 근로자 간 비교는 재고용 근로계약 특수성이 고려되어 더 완화된 기준이 적용됨을 알 수 있다. 이와 같은 판단의 근거는 정년 후 재고용 시 종전과 다른 임금을 정할 수 있다고 규정한 고령자고용법 제21조 제2항에 두고 있다. 따라서 비교대상 근로자와 동일한 노동을 함에도 재고용 근로계약에 따른 감액된 임금이 지급되는 것이 '불리한 처우'임을 인정하면서도, 임금 감액으로 고령 근로자가 얻는 불이익보다 재고용 근로계약이 당사자 간 협의 또는 노사협의를 바탕으로 체결된다는 점, 재고용 근로계약을 통해 고령 근로자에 대한 재취업의 기회 및 고용 창출을 근거로 임금 감액에 합리적 이유가 있음을 인정하고 있다.

그러나 이러한 법원의 판단에 최근 변화가 생기고 있다. 재고용 근로계약이 당사자 간 협의 또는 노사협의를 바탕으로 체결된다는 점을 합리적 이유 중 하나로 보는 것에 관하여, 다른 입장의 판단이 나왔다. '환경미화원 촉탁직 차별 사건'에서는 원고들이 포괄임금 지급에 합의하였던 점을 기간제법상 '차별적 처우'가 아니라고 판단한 근거 중 하나였지만, 지난해 서울행정법원은 기간제법상 차별시정제도는 사용자와 개별 근로자 사이에 성립한 근로조건에 관한 합의에도 불구하고 합리적 이유가 없는 차별이 존재한다면 허용될 수 없다는 것에 의의가 있다고 밝히며, "임금 등 근로조건이 사용자와 노동조합 사이의 합의에 따라 정해진 경우에도 그러한 합의가 무기계약 근로자와 동종 또는 유사한 업무에 종사하는 기간제근로자에 대한 불리한 처우를 정당화하는 사유에 당연히 해당한다고 볼 수 없고, 여전히 합리적 이유가 인정되어야 한다."고 판시하였다.[76]

---

76) 서울행정법원 2023. 9. 22. 선고 2022구합87931 판결.

해당 사안은 임금협약상 규정에 따라 정규직 정년퇴직자들에게만 성과금 등을 지급한 처우가 불리한 차별에 해당하는지가 문제 되었는데, 법원은 이번 판결을 통해 단체협약 등 노사 간의 합의가 있더라도 그것이 정년 후 재고용된 근로자에 대한 불리한 처우의 합리적 이유가 될 수 없음을 분명히 하고 있다. 나아가 해당 판결은 은혜적 보상의 취지에서 성과급 등을 지급한 것이라는 사용자의 주장에 대하여, 정규직 근로자들과 동일한 업무를 수행한 정년 후 재고용 근로자들에 대해서도 같은 목적을 위하여 성과금 등을 차별 없이 지급하는 것이 기간제법의 취지에 부합한다고 강조하였는바, 정년 후 재고용된 근로자를 달리 처우할 합리적 이유에 대한 판단 기준이 이전보다 엄격해졌음을 알 수 있다.

한편, 법원은 합리적 이유가 인정되더라도, 적정한 방법 및 정도를 넘어서서 불리한 처우를 할 수 없다는 원칙은 분명히 하고 있기 때문에 임금 감액 등 불리한 처우의 방법 또는 정도가 적정한지에 관한 판단은 중요하다. 앞에서 살펴본 '환경미화원 촉탁직 차별 사건'에서는 방법·정도의 적정성에 관한 판단에서 비교대상 근로자와의 임금 및 각종 수당 액수의 차이에 관한 구체적인 검토 없이 근로계약의 체결 경위나 노사 합의 등 상황적 요소를 근거로 임금 감액의 적정성을 인정했다는 아쉬움이 있었다. 그러나 이후에 '지방공기업 촉탁직 차별 사건'에서는 임금의 결정을 종전과 달리 하더라도 그들이 제공하는 노동 가치에 비하여 그 방법이나 근로자들이 입는 불이익 정도 등이 적정하지 않은 수준으로 임금이 결정되는 것은 기간제근로자임을 이유로 하는 불리한 처우라고 인정하였다. 다시 말해, 고령자고용법 제21조 제2항에 근거하여 어느 정도의 임금 차이는 인정하면서도 임금 항목별로 취지를 고려하여 비교대상 근로자와 다른 수당 지급이 '현저한 차이'임을 인정한바, 촉탁직 근로자와 비교대상 근로자 간 구분 없이 근무하였고, 성과도 유의미한 차이가 없었다는 점을 이유로 들며, 연령만을 이유로 임금에 차이를 두는 것은 차별에 해당함을 판시하였다. 정년 후 재고용 근로계약이더라도 동일 가치 근로에 대한 동일임금 원칙 인정의 필요성을 명시적으로 보여준 판단으로 평가할 수 있다.

3. 참고 사례 : 일본에서의 정년 후 재고용에 대한 연령차별 판단

정년 후 재고용 근로계약이 우리나라보다 앞서서 더 활발히 이뤄지고 있는 일본[77]에서도 정년을 도과한 고령 근로자를 재고용하는 경우, 업무 내용은 정년 전과 거의 동일하지만 임금은 크게 낮아지는 경우가 일반적이다. 일본의 경우, 정년 연장, 계속고용제도 도입, 정년 폐지 등 일찍이 고령자 고용확보를 위한 정책들이 추진되면서 우리나라와는 다른 정책적 · 입법적 배경을 갖추고 있다. 그러나 그러한 차이를 고려하더라도, 생산인구가 감소하고 노년 인구가 급증하는 사회적 변화는 우리나라도 현재 겪고 있는 사회적 문제이며, 일본 또한 고령자의 재고용 시 발생하는 임금 저하가 차별적 처우인지에 관한 법적 분쟁이 있는바, 특히 일본 법원은 '합리적 이유'에 관하여 어떻게 판단하고 있는지 참고해 보고자 한다.[78]

일본 최고재판소 2018년 6월 1일 선고 「나가사와 운수사건(長澤 運輸事件)」[79]

정규직과 촉탁직인 비정규직 사이에 기본급과 상여 및 각종 수당을 차등 지급하는 것이 불리한 차별에 해당되는지 여부가 다투어진 사안이다. 나가사와 운수회사는 정규직 근로자에게 기본급(직종에 따라 7만 6,952엔(円)~8만 2,900엔) 외에 정근수당(5천 엔), 주택수당(1만 엔), 가족수당(배우자에 대해 5천 엔), 직책수당(반장 3천 엔, 조장 1천5백 엔), 상여금(기본급 5개월분)을 지급하였지만, 재고용된 근로자에게는 지급하지 않았고, 대신 기본급을 정규직 근로자보다 5천 엔을 증액하고 직무급 대신 성과급제를 도입한 후 조정급(2만 엔)을 지급하였다. 이처럼 정규직과 비정규직 간 근로조건은 달랐지만, 직무의 내용과 책임의 정도 등은 정년과 상관없이 동일했다.

일본 최고재판소는 "유기계약근로자와 무기계약근로자의 개개의 임금 항목

---

77) 지난해 12월 22일 일본 후생노동성이 발표한 '고연령자 고용상황 등 보고'에 따르면, 65세까지 고연령자 고용확보 조치를 실시한 기업의 비율이 99.9%로, 일본에서는 이미 고령의 근로자가 원한다면 65세까지의 고용이 확보된 상황이다.

78) 일본에서는 정년 후 재고용 시 정년 전 업무 내용이 변경되지 않았음에도 근로조건 수준이 낮아진 것이 기간의 정함이 없는 근로자에 비하여 불리한 처우가 아닌지의 문제로, 2018년 개정 전 「노동계약법」 제20조(현재는 2020년 4월 1일부터 「단시간근로자 및 유기고용근로자의 고용관리의 개선 등에 관한 법률」 제8조)에서 금지하고 있는 '불합리한 근로조건'에 해당하는지가 쟁점이다.

에 관계되는 근로조건의 차이가 불합리하다고 인정되는 것인지의 여부를 판단함에 있어 양자의 임금총액 비교에만 의할 것이 아니라, 해당 임금 항목의 취지를 개별로 고려해서 해석하는 것이 상당하다."고 보아 지급되는 임금마다 개별적인 비교를 전제하였다. 이후 기본급 및 상여, 각종 수당이 다르게 지급된 것이 불합리한 차별인지의 여부를 살펴보았는데, 먼저 '기본급'에 대하여 최고재판소는 촉탁직에게 능률급 및 성과급을 지급하지 않지만 기본 임금액이 정년퇴직 시 기본급을 상회하고 있으며, 노조와의 단체교섭을 통해 촉탁직에게 유리한 변경이 있었던 점, 그리고 촉탁직은 정년퇴직 후 일정한 요건을 갖추면 노령후생연금을 지급받을 수 있고, 연금의 보수비례부분(報酬比例部分) 지급 개시 전까지 월 2만 엔이 조정급여로 지급되는 점을 들며 불합리한 차별로 볼 수 없다고 판단하였다. 수당에 관한 판단에서는 '정근수당'과 '시간외수당'만 차별을 인정하였는데, 수당의 취지를 고려했을 때, 촉탁직이라고 지급하지 않는 것은 불합리하다고 인정하였다. 그 외에 주택수당 및 가족수당과 상여금에 대해서는 합리성을 인정하며, 그 주된 근거로 기본급과 마찬가지로 노령후생연금의 수령이 예정되어 있으며 조정급 수령이 이뤄지는 점을 들었다.

해당 사안은 정년퇴직 후 이뤄지는 '재고용'이란 특수성을 반영하여 근로조건의 차이를 판단하였다는 점에 의의가 있는 판결로 평가된다. 특히 정년 후 재고용된 근로자가 이미 퇴직금을 받은 점과 연금 수령이 예정된 점 등을 근거로 기본급 및 상여, 각종 수당의 차이에 대한 합리성을 인정하고 있다는 점이 특징이다.

이처럼 일본 판례에서 바라보는 재고용의 특수성은 고령을 이유로 얻는 금전적 이득(퇴직금, 연금)에 초점을 두어 임금이 감액되는 불이익이 상쇄될 수 있는 근거로 보아 합리적 이유를 인정하고 있는 반면, 우리나라에서 말하는 재고용의 특수성은 고령의 신체 능력 저하에 따른 생산성 저하, 고령자의 고용 촉진에 그 의미가 머물러 있다는 점에 차이가 있다. 적어도 일본은 임금 수준 저하에 따른 고령 근로자의 생활 유지를 위하여 보조금을 지급하는 고령자 고용계속급부제도가 마련되어 있고, 그것을 고려한 근로자 개인의 불이익 처우에 관한 판단이 이뤄진다는 점을 주목할 필요가 있다.

---

79) 해당 판례 내용은 이정, 「일본의 비정규직에 대한 「균등 · 균형대우」의 판단 법리 - 최근 최고재판소 판례를 소재로 하여」, 『산업관계연구』, 제29권 제1호, 2019. 3., 94-95면을 요약 · 정리하였다.

제3절 정년 후 재고용의 차별 쟁점 검토

1. 정년 후 재고용 근로자에 대한 차별의 합리적 이유 : 고령자고용법 제21조 제2항

위에서 살펴본 바와 같이, 정년을 도과한 근로자를 재고용 시 체결하는 근로계약은 기간의 정함이 있는 계약이므로, 재고용된 근로자는 기간제근로자로서 그에 대한 차별은 기간제법 제8조에서 금지하고 있는 차별적 처우인지가 문제될 수 있다. 동법 제2조 제3호에 따르면 '차별적 처우'란, "임금, 정기적으로 지급되는 상여금, 경영 성과에 따른 성과금, 그 밖에 근로조건 및 복리후생 등에 관한 사항에서 합리적인 이유 없이 불리하게 처우하는 것"을 의미한다. 여기서 말하는 '불리한 처우'는 사용자가 기간제근로자와 '해당 사업 또는 사업장에서 동종 또는 유사한 업무에 종사하는 기간의 정함이 없는 근로계약을 체결한 근로자'를 다르게 처우함으로써 기간제근로자에게 발생하는 불이익 전반을 말한다. 다만, 우리 법원은 '합리적인 이유가 없는 경우'에 관하여 "기간제근로자를 달리 처우할 필요성이 인정되지 않거나, 달리 처우할 필요성이 인정되더라도 그 방법 · 정도 등이 적정하지 않은 것을 뜻한다."고 판시하고 있다.[80] 다시 말해, 정년 후 재고용된 근로자에 대하여 불리한 처우가 있더라도 합리적 이유, 즉 재고용된 근로자를 달리 처우할 필요성이 인정되고, 그 방법과 정도가 적정한 때에는 '차별적 처우'가 아니라는 것이다.

제2절에서 살펴본 판례와 같이 실무상 정년 후 재고용된 근로자에게 발생하는 차별적 처우는 주로 동종 · 유사 업무에 종사하는 정규직 근로자인 비교대상 근로자에 비하여 낮은 임금을 받거나 각종 수당을 받지 못하는 경우이다. 이때 지금까지의 법원의 판단 프로세스는 ① 불리한 처우가 있는지에 관한 판단 → ② 합리적 이유가 있는지에 관한 판단 → ③ 불이익 정도 및 방

80) 대법원 2012. 10. 25. 선고 2011두7045 판결.

법의 적정성에 관한 판단, 이렇게 세 단계로 나눌 수 있다.

첫 번째 단계인 불리한 처우 여부에 관하여 우리 법원은 정년퇴직 후 재고용된 근로자가 동종의 업무를 수행하는 한, 비교대상 근로자보다 적은 임금을 받거나 각종 수당을 적게 또는 받지 못한 사실관계가 있으면, 이를 '불리한 처우'로 인정한다. 여기까지의 판단은 다른 기간제근로자의 차별 문제와 크게 다르지 않지만, 다음 단계인 합리적 이유의 존부 여부에 관한 판단부터 차이가 생긴다. 일반적으로 기간제근로자의 차별 문제에서 합리적인 이유가 있는지 여부는 "개별 사안에서 문제가 된 불리한 처우의 내용과 사용자가 불리한 처우의 사유로 삼은 사정을 기준으로, 급부의 실제 목적, 고용 형태의 속성과 관련성, 업무의 내용과 범위 · 권한 · 책임, 노동의 강도 · 양과 질, 임금이나 그 밖의 근로조건 등의 결정요소 등을 종합적으로 고려하여 판단"한다.[81] 그러나 재고용된 근로자의 차별 문제의 경우, 해당 근로계약이 정년퇴직 후 이뤄지는 재고용이라는 점을 고려하여 일반직 근로자 간의 비교보다 더 완화된 기준으로 정년퇴직 후 재고용된 근로자와 비교대상 근로자를 비교하거나, 재고용 자체가 불리한 처우의 '합리적 이유'로 내세워진다.

반면에 앞의 제3장에서 살펴보았듯이, 대법원은 '한국전자기술연구원 사건'에서 임금피크제 시행에 따라 임금이 감액되었음에도 근로자들의 업무 내용이 변경되지 않았다는 점을 차별에 합리적 이유가 없는 주요 근거 중 하나로 인정하였다.[82] 이처럼 임금이 감소하였다면, 그만큼 근로시간 또는 업무량이 줄어야 한다는 원칙이 정년 전 임금피크제의 차별 판단에서는 적용되지만, 정년 후 재고용의 차별 판단에는 언급조차 되지 않는 이유는 고령자고용법 제21조 제2항에 있다.

또한, 정년퇴직 후 재고용된 근로자의 경우, 기간제근로자인 동시에 고령근로자이기 때문에 그들에 대한 차별적 처우는 고령자고용법 제4조의4에서 금지하고 있는 '임금, 임금 외의 금품 지급 및 복리후생에 연령을 이유로 한 차별'에 해당할 수도 있다. 그러나 동법 제4조의5에서는 이 법이나 다른 법률에 따라 특정 연령집단의 고용 유지 · 촉진을 위한 지원 조치를 하는 경우

81) 대법원 2019. 9. 26. 선고 2016두47857 판결.
82) 대법원 2022. 5. 26. 선고 2017다292343 판결.

에는 연령차별이 아님을 규정하고 있는바, 정년퇴직 후 재고용을 동조에서 규정하고 있는 '특정 연령집단의 고용 유지·촉진을 위한 지원 조치'로 보고 합리적 이유를 인정하고 있다.

이처럼 재고용된 근로자의 차별시정 신청을 다룬 판례와 판정례[83)]에서 고령자고용법 제21조 제2항은 정년퇴직 후 재고용된 근로자에 대한 불리한 처우의 '합리적 이유'로 역할하고 있는바, 이에 대한 타당성을 검토해 보고자 한다.

고령자고용법은 '고령자의 고용 촉진'이란 목적도 있겠지만, 연령을 이유로 한 차별을 금지하여 우리 「헌법」 제11조 제1항에서 규정하고 있는 '평등원칙'을 실질적으로 구현하고자 하는 법률이다. 또한, 「근로기준법」에서도 근로조건에 대한 차별적 처우를 금지하는 '균등대우 원칙'을 규정하고 있다. 그렇다면, '평등원칙'과 '균등대우 원칙'의 관점에서도 재고용된 근로자를 동일한 업무를 수행하는 근로자와 달리 처우하는 것을 합리적 이유가 있다고 볼 수 있을까?

앞에서 살펴본 '지방공기업 촉탁직 차별 사건'에서는 고령자고용법 제21조 제2항의 입법취지를 상세하게 기술하고 있는데, "사용자로 하여금 정년이 도과한 근로자들과는 임금의 결정을 종전과 달리하여 근로계약을 체결할 수 있는 길을 열어줌으로써 사용자에게는 비용 절감의 효과를 안겨주고 상대적으로 육체적 노동의 효율성이 떨어지는 고령 근로자들에게는 생계유지와 노후 활동을 위한 새로운 고용 기회를 창출해주고 있"다고 설명한다. 이에 따르면, 재고용된 근로자에게 주어지는 불리한 처우가 허용되는 이유는 고령자에게 일할 기회가 주어지기 때문이고, 이때 고령 근로자에게 붙는 전제 조건은 '육체적 노동의 효율성이 떨어지는 자'이다.

고령자고용법은 1991년 「고령자고용촉진법」으로 제정되어 이후 고용의 모든 단계에서 연령차별을 금지하는 조항을 포함하는 「고용상 연령차별 금지 및 고령자 고용촉진법」으로 개정되었고, 제정되던 1991년 당시에도 현행법 제21조 제2항의 내용을 명시하고 있었다. 당시에는 지금보다 정년퇴직 후 재고용이 일반적이지 않았으며, 고령 세대는 생산성이 낮다는 인식이 높

83) 중앙노동위원회 중앙2018차별48 결정, 중앙노동위원회 2011차별6 결정, 경기지방노동위원회 2018차별11 결정 등.

던 때이다. 따라서 정년퇴직한 근로자가 재고용된다는 것이 지금처럼 일반적인 일이 아니었으며, 그만큼 고령자의 고용을 촉진할 수 있는 유인으로서 당사자 간 합의에 의해 계속근로기간 산정 시 종전의 근로기간을 제외하고, 임금 또한 종전과 달리 결정할 수 있다는 '공식적 허용'이 타당해 보일 수 있었다. 고령자고용법 제정 이전인 1987년 고용노동부의 행정해석에서도 이미 "당사자가 정년을 연장하기로 한 경우 정년 연장만을 이유로 호봉을 낮춘다거나 기존의 근로조건을 저하시킬 수 없으나, 정년을 단순히 연장하지 않고 정년퇴직 후 별도의 근로계약을 체결하는 것은 가능하고, 이 경우에는 기존의 근로조건을 저하하는 것은 가능"하다고 보고 있었다.[84]

문제는 상황이 변하고 있다는 것이다. 우리나라 60세 이상 고령층의 경제활동 참여율은 급증하고 있으며, 고령 근로자에 대한 노동생산성에 관한 연구에서도, 개인적 역량에 따라 차이는 있으나, 전문성이나 책임감, 근속률을 고려한다면, 비고령 근로자에 비하여 오히려 높은 생산성을 보인다는 연구결과도 있다.[85] 또한, 가장 최근에 선고된 '지방공기업 촉탁직 차별 사건'에서도 "촉탁계약직 근로자들 역시 비교대상 근로자들과 구분 없이 근무를 하였던 점에 비추어 촉탁계약직 근로자들이 상대적으로 고령이라 하더라도 그 성과에 있어서 유의미한 차이가 있었을 것으로 보이지 않는다"고 판시한 바 있다. 물론 노화에 따른 신체적 능력 저하는 지극히 일반적인 현상으로 우리 대부분이 겪는 변화이다. 그러나 이러한 변화가 일의 생산성에 영향을 미치는지는 업무 특성에 따라 달리 평가해야 하는 것이고, 평균 수명 증가에 따른 노동가능기간 연장과 고령 근로자의 업무에 관한 다년간의 경험 및 숙련도를 고려한다면, 이제는 '정년 후 재고용 계약' 자체만으로 차별과 같은 불리한 처우에 합리적 이유가 있음을 인정하기에는 근거가 부족하다.

2. 정년 후 재고용과 동일가치노동 동일임금 원칙

정년 후 재고용 시 임금 감액과 같은 근로조건 저하가 동일가치노동 동일임금 원칙을 위반하는 것으로 볼 수 있을지 검토해 보고자 한다. 현행 「남녀

---

84) 근기 01254-10789, 1987.7.6.

85) 김문정, 『고령자 노동생산성에 관한 기초연구』, 한국노인인력개발원, 2017. 12.

고용평등과 일·가정양립지원에 관한 법률(이하 '남녀고용평등법'이라 함)」 제8조에서는 동일한 가치의 노동에 대하여 동일한 임금을 지급해야 하는 '동일가치노동 동일임금 원칙'을 규정하고 있다. 본 보고서의 서론에서도 설시하고 있듯이, 동일가치노동 동일임금 원칙을 남녀 근로자 간 적용되는 특별원칙이 아닌 모든 근로관계에 적용되는 일반원칙이라는 입장을 견지하고, 이른바 '국립대 시간강사 사건'에서 대법원이 "근로기준법 제6조에서 정하고 있는 균등대우원칙이나 남녀고용평등법 제8조에서 정하고 있는 동일가치노동 동일임금 원칙 등은 어느것이나 헌법 제11조 제1항의 평등원칙을 근로관계에서 실질적으로 실현하기 위한 것"이라고 판시한 입장[86]을 참고한다면, 정년 후 재고용에 따라 정년 이전과 동일한 업무를 수행함에도 임금 감액이 발생하는 것은 동일가치노동 동일임금 원칙의 위반으로 볼 수 있다.

이와 관련하여 제3장에서도 살펴보았듯이, '국민건강보험공단 사건'에서 1심 법원은 임금피크제가 고령자고용법에 따른 조치인 이상, 임금피크제 시행 이전과 동일한 보직에서 동일한 강도의 업무를 수행하더라도 임금피크제가 동일가치노동 동일임금 원칙을 위반하여 무효라거나 해당 근로자의 평등권을 침해했다고 볼 수 없다고 판시[87]하였다. 이와 같은 판단의 논리를 정년 후 재고용에 적용시켜 본다면, 재고용 근로계약에 따라 이전과 동일한 업무를 수행하더라도 변경된 임금이 고령자고용법 제21조 제2항에 근거하는 이상, 동일가치노동 동일임금 원칙을 위반하거나 근로자의 평등권을 침해하였다고 보기는 어렵다.

그러나 고령자고용법 제21조 제2항에 근거하여 정년 후 재고용 근로계약 체결 시에 임금이 감액되었다 하더라도, 동조에서 "임금의 결정을 종전과 달리할 수 있다"고 정한 것은 말 그대로 이전과 다른 액수로 정할 수 있다는 것이지 그 자체가 동일가치노동 동일임금 원칙의 적용 면제 사유가 되지는 않는다. 즉, 재고용 근로계약에 따라 임금이 감액되었으면, 그것에 맞게 업무량, 강도, 근로시간 등이 조절되어야 한다. 또한, 대법원이 '국립대 시간강사 사건'에서 "근로계약을 체결할 때에 사회적 신분이나 성별에 따른 임금 차별을 하여서는 아니 됨은 물론 그 밖에 근로계약상의 근로 내용과는 무관

---

86) 대법원 2019. 3. 14. 선고 2015두46321 판결.
87) 서울중앙지방법원 2019. 6. 5. 선고 2017가합37374 판결.

한 다른 사정을 이유로 근로자에 대하여 불합리한 차별 대우를 해서는 아니 된다."라고 판시하였듯이, 정년 후 재고용 근로계약을 체결할 때 근로계약상의 근로 내용과는 무관한 '재고용'을 이유로 임금 감액과 같은 근로조건 차별이 있으면 안 된다. 더욱이 해당 판단에서는 '같은 시기'에 '다른 사람'일 것을 요구하고 있지 않다는 점에서, 정년 후 기간제 계약을 체결한 동일한 업무를 수행하는 기간의 정함이 없는 근로자뿐만 아니라, 정년 전 동일한 업무를 수행하던 근로자 본인('다른 시기'에 '같은 사람')도 비교대상자가 될 수 있고, 이때 업무 내용 및 노동 강도에 본질적인 차이가 없음에도 임금 등에 차이가 있다면 연령차별로 인정할 수 있을 것이다.

제4절 소 결

우리나라와 일본처럼 대체로 근속연수에 따라 임금이 상승하는 연공급제를 도입하고 있는 경우, 고령의 근로자를 능력이나 성과와 무관하게 계속 고용하는 것은 기업에 부담이 될 수 있다. 이미 고령 인구의 노동시장 참여는 중요한 사회적 이슈가 되었고, 그 전략의 하나로 오래전 마련되었던 고령자고용법 제21조 제2항의 취지 또한 그 정당성이 아직 유의미하다. 이는 기간제법 제4조 제1항 제4호의 기간제근로자 사용기간 제한 예외 사유에 55세 이상인 사람과의 근로계약 체결을 두고 있는 것 또한 마찬가지이다.

그러나 고령자고용법 제21조 제2항은 임금의 결정을 종전과 달리 정할 수 있음을 규정하고 있는 것이지, 고령 근로자에 대한 차별을 정당화하는 규정이 아니라는 점은 명확히 해야 한다. 다시 말해, 정년퇴직한 고령 근로자에 대한 재고용에 대한 기회의 부여가 연령차별을 정당화하는 근거가 될 수는 없다. 우리 현행법상 헌법상 평등원칙, 근로기준법상 균등대우원칙과 사회권 규약 제7조에서 정하고 있는 바에 근거하여 기간제 계약을 체결하는 정년 후 재고용된 근로자와 정년 전 근로자 본인, 그리고 기간의 정함이 없는 근로자 간에도 동일가치노동 동일임금 원칙이 적용되어야 한다.

이러한 관점에서 고령자고용법 제21조 제2항을 해석한다면, 임금의 수준이 종전과 달라지는 경우, 그에 수반되는 근로시간 또는 업무 내용, 책임 범위 조정 등을 통해 고령 근로자의 임금 감액에 대한 타당한 근거가 함께 주어져야 한다. 다시 말해, 고령 근로자에게 이전보다 적은 수준의 임금을 지급한다면, 근로시간을 이전보다 줄이거나, 업무의 내용 또는 강도를 이전에 비하여 낮은 수준으로 부여해야 하는 것이다. 다행인 것은 앞에서 살펴본 지난해 서울행정법원 두 판결[88]을 보더라도, 불리한 처우에 재고용을 이유로 합리적 이유를 인정하던 판단 기준이 예전에 비하여 엄격해졌다는 것이다. 그럼에도 현실에서는 여전히 정년 후 재고용된 근로자들에 대한 처우의 하락은 당연시되고 있는바, 지난해 실시한 설문조사에서도 정년 후 재고용된 근로자들의 평균임금은 21.4%가 감소하였지만 퇴직 이전과 동일한 업무를 수행하고 있으며, 근로시간은 3.4%, 업무 책임은 9.0%만 감소하였다고 한다.[89]

단지 정년퇴직 후 재고용된 이유만으로 임금의 감액이 이뤄진다면, 벌써 문제 제기되고 있는 고령자들의 저임금 불안한 일자리 문제를 더욱 확산시킬 수밖에 없고, 이는 고령자고용법의 입법취지와 맞는 방향도 아닐 것이다. 고령 근로자의 고용 촉진도 중요하지만 이와 함께 고령 근로자의 노동가치를 보호해야 할 필요성도 중요하다는 점에서 더 이상 근로조건 저하, 특히 임금 감액에 관한 합리적 이유를 더 이상 고령자고용법 제21조 제2항에서만 찾으면 안 된다. 더욱이 이러한 해석은 자칫 정년 후 재고용된 근로자의 임금 결정에 어떠한 제한도 없다는 위험한 해석이 이뤄질 수 있다. 기간제법 또는 동일가치노동 동일임금 원칙에 따라 정년 후 재고용된 근로자에 대한 근로조건 차이에 합리적인 이유가 있는지, 있다면 그에 따른 차이가 적정한 수준은 어디까지인지 구체적인 판단이 이뤄져야 한다.

88) 서울행정법원 2023.9.22. 선고 2022구합87931 판결, 서울행정법원 2023.3.30. 선고 2021구합4755 판결.

89) 2023년 6월 12일부터 7월 14일까지 한국노총 중앙연구원이 단위노조를 대상으로 실시한 '정년연장 정책교섭을 위한 단위노조 실태조사'에 따른 결과이다.

제 5 장
결 론

이상의 논의를 간략히 요약하면 다음과 같다. 제2장에서는, 고령자의 고용을 유지 · 촉진하기 위한 조치들 가운데, 이른바 임금피크제 및 정년 후 계속고용/재고용과 결합된 임금조정은, 고령자고용법 제4조의5가 "이 법이나 다른 법률에 따라 특정 연령집단의 고용유지 · 촉진을 위한 지원조치를 하는 경우"를 연령차별로 보지 아니한다고 정하고 있기 때문에, 설령 고령자고용법 위반은 아닐지 몰라도, 유엔 사회권규약 및 세계인권선언에서 정하고 있는 동일가치노동 동일임금 원칙에는 반할 수 있다는 점을 논증하였다. 이 두 개의 국제법은 우리 헌법 제6조에서 규정하고 있는 바의 "헌법에 의하여 체결 · 공포된 조약"(사회권규약의 경우) 또는 "일반적으로 승인된 국제법규"(세계인권선언의 경우)로서 "국내법과 같은 효력을 가진다." 나아가 사회권규약과 세계인권선언의 동일가치노동 동일임금 원칙은 고령자의 고용관계를 포함하여 모든 근로관계에 적용되는 일반원칙이다. 이 두 개의 국제법 규범은 고령자고용법에 유사한 차별예외를 두고 있지 않다. 이로써 국내법적 효력을 갖는 국제법과 국내의 법률이 서로 충돌하는 상황이 발생할 수 있다. 제2장에서 검토한 바에 따르면, 이 경우에는 국제법 합치적 해석이 필요하다고 할 것이다. 즉, 사회권규약이나 세계인권선언이나 실정 노동관계법이나 모두 헌법상 기본권을 근로관계에서 실질적으로 실현하기 위한 것이라고 한다면, 그 헌법적 가치와 이상의 실현에 복무하는 한에서는 각각을 조화롭게 공존하는 방향으로 해석하는 것이 바람직할 것이라는 전제 위에서, 개별 소송에서 사회권규약과 세계인권선언 및 실정 법률이 서로 상충하는 것처럼 보이는 경우에, 법원이 규약과 선언에 부합하는 방향으로 법률을 해석하거나, 규약 또는 선언을 우선시하는 방향으로 문제를 해결하는 태도를 정립해야 한다는 것이다. 지금까지의 관련 논의는 판례와 학설 공히 국제법 규범의 국내법적 효력을 도외시한 채, 국내의 법령 차원에서만 진행된 한계가 있다. 앞으로 관련 논의는 동일가치노동 동일임금 원칙의 국제법적 근거를 함께 고려하면서 진행될 필요가 있다고 하겠다.

제3장에서는 임금피크제와 연령차별의 문제를 검토하였다. 먼저 임금피크제의 전제인 정년제에 대해, 나이를 이유로 근로관계를 강제로 종료시키는 것은 헌법상의 평등권과 근로권 그리고 직업선택의 자유를 침해한다는 비판을 면하기 어려운 측면이 있다는 점, 노령으로 인한 신체적·정신적 쇠퇴를 일정 연령을 기준으로 일괄적으로 판단하는 것이 타당한지 의문이 있다는 점, 고령화로 인해 노인빈곤의 문제가 심화되고 있다는 점, 오랜 시간 단련된 숙련 근로자를 사장시킨다는 점에서 정년제는 장기적으로 폐지되는 것이 타당하다고 본다. 정년유지형 임금피크제가 사안에 따라서는 연령차별로 무효가 될 수 있음을 대법원은 '한국전자기술연구원' 사건에서 판시하였다. 본 사안에서 대법원은 정년유지형 임금피크제가 연령차별이 되지 않기 위해서는 ① 임금피크제 도입 목적의 타당성, ② 대상 근로자들이 입는 불이익의 정도, ③ 임금 삭감에 대한 대상조치의 여부 및 적정성, ④ 임금피크제로 감액된 재원이 제도 본래의 목적에 사용되었는지를 종합적으로 고려하여 판단할 것을 주문하였다. 특히 대상조치를 강조함으로써 근로자들의 근로조건 또는 생활상의 이익이 급격하게 악화되는 것을 막았다고 평가된다. 그러나 이러한 대상조치의 강조를 몇몇 하급심 판결은 정년연장형 임금피크제 사안에서 오독하고 있다. 즉, 정년연장 그 자체가 사용자의 대상조치로 근로자의 임금 삭감이라는 손해를 메워주기 때문에 연령차별이 아니라는 판시를 내놓는 것이다. 그러나 이때의 정년연장은 제도적 측면과 비제도적 측면으로 나누어 보아야 한다. 대상조치라는 것은 근로자의 손해에 대해 사용자가 그것에 갈음해서 이익을 부여하는 것인데, 고령자고용법에 의해 제도적으로 강제된 정년연장을 사용자가 대상조치로 근로자에게 부여한 것으로 볼 수는 없다. 다만, 노사 간 합의로 정년연장이 이루어진

비제도적인 경우에는 대상조치인 것을 인정할 수 있다. 임금 총액이 늘어난 것 또한 대상조치로 볼 수 있다고 하급심은 판시하는데, 임금 총액의 증가는 정년연장의 효과로서, 정년연장 자체가 대상조치인지를 살펴보는 것과 별개로, 근로계약에 따라 근로자가 근로를 제공한 것의 반대급부로서 원래 근로자의 것이지, 사용자가 대상조치로 손해를 메워주기 위해 제공한 것으로 볼 수는 없다. 대법원은 한국전자기술연구원 사건에서 임금피크제로 임금이 삭감될 경우 그만큼 업무의 내용도 변경되어야 한다고 판시하였다. 그러나 그 이전의 하급심 판결이기는 하지만 별도의 직군에 전보할 경우 업무량이 증가하거나 근로자들의 심리적 위축 등이 있어 근로자 당사자가 원하고 노사가 합의하여 기존의 직군을 유지한 것에 대해 정당하다고 한 예가 있다. 그러나 이는 별다른 대상조치 없이는 임금 삭감에 따른 연령차별이 분명하므로 고령자고용법의 연령차별 금지 규정을 강행규정으로 인정하는 이상 무효가 될 수밖에 없다. 다만, 초점을 맞출 점은 업무의 '양'과 '강도'이므로 직책이 아닌 직위(직급)를 유지하면서 업무의 내용을 변경하는 것은 허용될 수 있다. 임금피크제로 인한 임금 삭감이 동일가치노동 동일임금 원칙에 위반되는지 또한 문제될 수 있다. 하급심은 동일가치노동 동일임금의 판단 기준을 '같은 시기'에 '다른 사람'을 선정하여, 임금 삭감 대상 근로자는 같은 시기에 비교대상이 자기 자신이기 때문에 그 원칙을 적용할 수 없다고 한다. 그러나 동일가치노동 동일임금 원칙이 반드시 차별의 성격을 포함하여 타인과 비교되는 것은 아니다. '다른 시기'에 '같은 사람'을 기준으로도 심사할 수 있다고 생각한다. 동일가치노동 동일임금 원칙이 '다른 사람'을 기준으로 하는 것은 남녀고용평등법 제8조(임금) 제1항이 규정하고 있는 실정법상의 원칙이기 때문이다. 그러나 이미 우리 대법원은 '국립대학 시간강사 사건'에서 동일가치노동 동일임금 원칙을 헌법상 평등권에 기반하여 균등대우를 심사하는 일반 법원칙으로 인식하였으며, '사회권 규약'이 국제법으로서 헌법 제6조 제1항에 따라 국내법으로 인정되는 것을 생각하면, 동일가치노동 동일임금 원칙을 일반 법리로 생각하여도 된다. 그렇다면 위 대법원의 판시 내용이나 사회권 규약을 보건대 반드시 동일가치노동 동일임금의 판단 기준이 '같은 시기'에 '다른 사람'이라는 해석은 나오지 않는다. 그렇다면 합리적인 이유 없이 '다른 시기' '같은 사람'에게 임금이 삭감된다면 충분히 동일가치노동 동일임금 원칙에 위배되지 않는지 심사할 수 있다.

제4장에서는 정년 후 재고용 시 근로조건 차별 문제를 다루었다. 실무상 '촉탁직'으로 불리는 정년 후 재고용 시에 새롭게 체결하는 근로계약에서 이전과 동일한 업무를 수행함에도 임금 감액 등 근로조건 저하가 이뤄지는 것이 연령차별에 해당하지는 않는지, 기간제법상 '차별적 처우'로 볼 수 있는지 관련 법적 판단을 보며 검토하였다. 우리 법원은 재고용 근로계약 시 종전보다 감액되는 임금 지급이 불리한 처우임을 인정하면서도 임금 감액으로 고령 근로자가 얻는 불이익보다 재고용 근로계약이 당사자 간 협의 또는 노사협의를 바탕으로 체결된다는 점, 재고용 근로계약을 통해 고령 근로자에 대한 재취업의 기회 및 고용 창출 등을 근거로 재고용된 근로자에 대한 불리한 처우에 합리적 이유가 있음을 인정하는 입장이다. 즉, 현행 고령자고용법 제21조 제2항이 정년퇴직 후 재고용된 근로자에 대한 불리한 처우의 '합리적 이유'의 근거로 역할하고 있는바, 동법은 고령자의 고용 촉진이란 목적도 있겠지만, 연령을 이유로 한 차별을 금지하여 우리 「헌법」 제11조 제1항에서 규정하고 있는 '평등원칙'을 실질적으로 구현하고자 하는 법률이다. 「근로기준법」에서도 근로조건에 대한 차별적 처우를 금지하는 '균등대우 원칙'을, 「남녀고용평등과 일·가정양립지원에 관한 법률」에서는 동일한 가치의 노동에 대하여 동일한 임금을 지급해야 하는 '동일가치노동 동일임금 원칙'을 규정하고 있다. '평등원칙'과 '균등대우 원칙', '동일가치노동 동일임금 원칙'의 관점에서도 재고용된 근로자를 동일한 업무를 수행하는 근로자와 달리 처우하는 것에 합리적 이유가 있다고 판단할 수 있을까 의문이다. 고령자고용법 제21조 제2항에서는 임금의 결정을 종전과 달리할 수 있도록 정하고 있는 것이지, 그것이 정년퇴직한 고령 근로자에 대한 임금 차별을 정당화하는 규정이 아니라는 점은 명확히 해야 한다. 사회권규약이 모든 근로관계를 포괄하는 일반원칙으로서 가치를 갖는다면, 동 규약 제7조에서 정함에 따라 정규직인 근로자와 비정규직인 정년퇴직 후 재고용된 고령 근로자 간에도 동일가치노동 동일임금 원칙이 적용되어야 한다. 우리 현행법 틀 안에서도 헌법상 평등원칙, 근로기준법상 균등대우원칙, 고평법상 동일가치노동 동일임금 원칙 등을 근거로 동일한 가치의

업무를 수행하였다면, 동일한 임금이 주어져야 한다. 이러한 관점에서 고령자고용법 제21조 제2항을 해석해 보면, 임금의 수준이 종전과 달라지는 경우, 그에 수반되는 근로시간 또는 업무 내용, 책임 범위 조정 등을 통해 고령 근로자의 임금 감액에 대한 타당한 근거가 함께 주어져야 한다. 다시 말해, 고령 근로자에게 이전보다 적은 수준의 임금을 지급한다면, 근로시간을 이전보다 줄이거나 이전에 비하여 강도가 낮은 업무를 부여해야 하는 것이다. 단지 정년퇴직 후 재고용된 이유만으로 임금의 감액이 이뤄진다면, 벌써 문제 제기되고 있는 고령자들의 저임금 불안한 일자리 문제를 더욱 확산시킬 수밖에 없고, 이는 고령자고용법의 입법취지와 맞는 방향도 아닐 것이다. 고령 근로자의 고용 촉진도 중요하지만 이와 함께 고령 근로자의 노동 가치를 보호해야 할 필요성도 중요하다는 점에서 근로조건 저하, 특히 임금 감액에 관한 합리적 이유를 지금처럼 완화된 기준으로 고령자고용법 제21조 제2항에서만 찾기보다는 기존 차별 사건과 같이 구체적인 검토가 이뤄져야 할 것이다.

이상에서 검토한 바와 같이, 고령자 고용과 관련하여 현재 시도되고 있는 방식의 임금피크제나 정년 후 재고용은 연령차별에 해당하거나 동일가치노동 동일임금 원칙에 위배된다고 평가될 소지가 다분하다. 법령으로 근거를 만들어 준다고 해서 문제가 깔끔하게 해결되지는 않는다. 헌법에 따라 국내법적 효력을 갖는 국제법에 위반될 소지가 있기 때문이다. 노사의 합의가 있다고 해서 문제가 완전히 해결되는 것도 아니다. 차별금지와 동일가치노동 동일임금 원칙은 사회적 공서(公序)에 해당하는 것으로서, 노사의 합의보다 우선하는 규범적 가치이기 때문이다. 노사의 교섭과 합의는 사회적 공서의 토대 위에서 이루어져야 한다. 이러한 규범적 평가에 대해서는, 고령자들이 정년 후에 아예 실업자로 남거나 2차 노동시장에서 저임금 일자리에 고용되는 것보다는 기존의 직장에서 임금을 좀 덜 받더라도 계속 고용되도록 하는 것이 더 낫지 않은가 하는 항변이 제기될 수 있을 것이다. 그러나 그러한 항변은 지나치게 실리적인 접근법으로서 규범적 타당성을 지닌다고 하기 어려우며, 고령 근로자 전체를 포괄하는 보편적 규범의 토대를 구성할 수도 없을 것이다. 차별적 정책을 정당화하려고 노력하기보다는, 이른바 1차 노동시장과 2차 노동시장 간에 동일가치노동 동일임금 원칙을 관철시킴으로써

(업종별 협약의 일반적 규범력을 강화시키는 것도 좋은 방안 중 하나일 것이다). 2차 노동시장의 임금과 근로조건을 개선하려고 노력하는 것이 고령자의 고용을 촉진하는 정책으로서 더 바람직할 것이다.

참고문헌

구미영, 「동일가치노동 동일임금의 판단기준」, 『노동법학』, 제85호, 한국노동법학회, 2023.

김기선, 「고용연장의 입법정책적 과제」, 『월간 노동리뷰』, 2023년 2월호, 한국노동연구원, 2023.

김린, 「적정임금 보장에 대한 국제기준의 시사」, 『법학연구』, 제26집 제4호, 인하대학교법학연구소, 2023.

김문정, 『고령자 노동생산성에 관한 기초연구』, 한국노인인력개발원, 2017.

김복기, 「사회적 기본권의 법적 성격」, 『사회보장법연구』, 제3권 제1호, 서울대사회보장법연구회, 2014.

김유성, 『노동법 I』, 법문사, 2005.

노동법실무연구회, 『근로기준법 주해 II』(제2판), 박영사, 2020.

노병호, 『노동법 I』, 진원사, 2017.

박제성, 「차별금지의 규범적 구조와 동일가치노동 동일임금 원칙의 적용범위」, 남궁준 외, 『효과적인 고용상 차별시정을 위한 제도개선방안 연구』, 고용노동부 보고서, 2023.

______, 『하청노동론』, 퍼플, 2018.

박제성 외, 『구체적 권리로서의 노동3권의 의의와 부당노동행위제도 재정립에 관한 연구』, 한국노동연구원, 2022.

박준석, 『법사상, 생각할 의무에 대하여』, 아카넷, 2015.

박찬운, 「국제인권조약의 국내적 효력과 그 적용을 둘러싼 몇 가지 고찰」, 『법조』, Vol. 609, 법조협회, 2007.

법무부, 『유엔 경제적 · 사회적 및 문화적 권리에 관한 국제규약 제5차 국가보고서』, 2023.

______, 『유엔 시민적 및 정치적 권리에 관한 국제규약 이행에 대한 제4차 국가보고서』, 2011.

신혜림, 「고용상 연령차별금지법 제19조에 따른 임금피크제의 효력 판단 논증 구조 및 기준에 관한 소고」, 『노동법연구』, 제54호, 서울대노동법연구회, 2023.

이정, 「일본의 비정규직에 대한 「균등 · 균형대우」의 판단 법리 - 최근 최고재판소 판례를 소재로 하여」, 『산업관계연구』, 제29권 제1호, 한국고용노사관계학회, 2019.

이주영, 「사회권규약의 발전과 국내적 함의」, 『국제법학회논총』, 제61권 제2호, 대한국제법학회, 2016.

정인섭, 「헌법 제6조 제1항상 "일반적으로 승인된 국제법규"의 국내 적용 실행」, 『서울국제법연구』, 제23권 제1호, 서울국제법연구원, 2016.

최윤정, 「정년유지형 임금피크제가 연령차별로서 무효인지 여부」, 『사법』, 제61호, 사법발전재단, 2022.

통계청, 「2023년 고령자 통계」, 2023.

홍성필, 「국제인권법의 국내적 적용에 관한 연구」, 『법학논총』, 제3권 제1호, 이화여대법학연구소, 1998.

UN Committee on Economic, Social and Cultural Rights (CESCR), *General comment No. 23 (2016) on the right to just and favourable conditions of work (article 7 of the International Covenant on Economic, Social and Cultural Rights)*, 7 April 2016, E/C, 12/GC/23.

UN Committee on Economics, Social and Cultural Rights, *General Comment No. 3 on the Nature of States Parties' Obligation*, U.N. Doc. E/1991/23.

◈ 執筆陣

• 박제성(한국노동연구원 선임연구위원)
• 양승엽(한국노동연구원 부연구위원)
• 이은주(한국노동연구원 부연구위원)

고령자 임금차별

▪발행연월일	2024년 12월 26일 인쇄 2024년 12월 30일 발행
▪발 행 인	허 재 준
▪발 행 처	한국노동연구원 30147 세종특별자치시 시청대로 370 세종국책연구단지 경제정책동 ☎ 대표 (044) 287-6081 Fax (044) 287-6089
▪조판 · 인쇄	거목정보산업(주) (044) 863-6566
▪등 록 일 자	1988년 9월 13일
▪등 록 번 호	제2015-000013호

정가 5,000원

ISBN 979-11-260-0768-4